AS CORTESÃS DO RENASCIMENTO

AS CORTESÃS DO RENASCIMENTO

Lynne Lawner

Tradução
MONICA STAHEL

Martins Fontes
São Paulo 1994

Título original: THE SIXTEEN PLEASURES. AN EROTIC ALBUM OF THE ITALIAN RENAISSANCE (traduzido do italiano *I MODI*)

1.ª edição: novembro de 1994

Tradução: Monica Stahel
Revisão gráfica:
Pier Luigi Cabra
Renato da Rocha Carlos

Produção gráfica: Geraldo Alves
Paginação: Antonio Neuton Alves Quintino

Capa – Projeto: Alexandre Martins Fontes
Execução: Katia H. Terasaka

Dados Internacionais de Catalogação na Publicação (CIP)
(Câmara Brasileira do Livro, SP, Brasil)

Lawner, Lynne
As cortesãs do renascimento / Lynne Lawner ; [tradução Monica Stahel]. – São Paulo : Martins Fontes, 1994.

ISBN 85-336-0331-2

1. Literatura erótica italiana – História e crítica 2. Renascença – Itália I. Título.

94-3709 CDD-850.93538

Índices para catálogo sistemático:

1. Erotismo : Literatura italiana : História e crítica 850.93538
2. Literatura erótica : Literatura italiana : História e crítica 850.93538

LIVRARIA MARTINS FONTES EDITORA LTDA.
Rua Conselheiro Ramalho, 330/340 – Tel.: 239-3677
01325-000 – São Paulo – SP – Brasil

Índice

Agradecimentos

Quero agradecer ao Harvard Center for Renaissance Studies (Villa I Tatti, Settignano) a bolsa que me concedeu no curso de 1975-76; e, a Gladys K. Delmas Foundation, a oportunidade de estudar em Veneza durante alguns meses, no curso de 1978-79. Também quero agradecer ao Center for Advanced Studies in the Visual Arts da National Gallery of Art de Washington, D. C. minha indicação como bolsista honorária deste centro no inverno de 1982-83.

Quero agradecer, igualmente, a meus amigos da Universidade de Roma, professor Aurelio Roncaglia e professor Pasquale Stoppelli, seus conselhos a respeito da edição crítica dos sonetos; e a meu amigo Mario Picchi seus conselhos a respeito do comentário. Além disso, devo à doutora Caroline Karpinski sua ajuda quanto à parte gráfica de meu projeto, e a Anna Blume a colaboração em minhas pesquisas.

O Department of Prints and Drawings do Museu Britânico, o Cabinet des Estampes da Bibliothèque Nationale, e Alinari, de Florença, tiveram a gentileza de me permitir a publicação de fotos de peças de suas coleções.

O atual proprietário do volume, antes pertencente à coleção de Walter Toscanini, deseja manter-se no anonimato. Mas não quero deixar de agradecer sua gentileza em me permitir a reprodução de textos e ilustrações de seu livro.

Lynne Lawner

Prólogo

*I modi** é um documento quase único em seu gênero e da maior importância para o estudo da história e do comportamento humano, em geral, e dos costumes e da cultura do Renascimento italiano, em particular. O exemplar aqui reproduzido é, provavelmente, um dos pouquíssimos que sobreviveram à repressão violenta e exagerada que essa obra provocou e sofreu desde sua concepção, nas primeiras décadas do século XVI. Não é de estranhar: suas representações e descrições do ato amoroso, impregnadas de um espírito de absoluta liberdade, constituem um dos documentos fundamentais e mais esclarecedores do novo espírito renascentista, um espelho duplo e verdadeiro no qual se mira o ideal humanista, que não limita seus esforços por *gnothi se auton*, conhecer-se e revelar-se a si mesmo.

* *I modi* é o nome original desta obra que intitulamos *Os 16 prazeres* (N. T. esp.).

As imagens e os sonetos inspirados nesse espírito nos revelam, com todos os detalhes, as intimidades do ato amoroso. O ato mais privado do ser humano é explorado com uma franqueza e uma profundidade sem precedentes pelos artistas do Renascimento, em suas representações de figuras despreocupadamente nuas de homens e mulheres voluptuosos, assim como pelo poeta, que ordena suas palavras desenfreadas, seus suspiros incontrolados e seus gritos, impondo-lhes as medidas e configurações verbais dos sonetos. A conjunção dessas duas criações resulta numa obra impregnada de um halo de expressão artística livre e sincero, apenas comparável ao que existiu quase mil anos antes e que teve de esperar vários séculos por uma nova manifestação.

As magníficas representações de dezesseis maneiras de fazer amor e os sonetos aqui reproduzidos, traduzidos e estudados têm suas raízes e sua gênese na tradição artística européia primitiva e no importante ressurgimento da atividade artística durante os primeiros anos do Renascimento. Essas imagens e esses poemas, por sua vez, tiveram grande influência no desenvolvimento posterior das artes, sobretudo nos domínios das artes decorativas e da poesia erótica. Desde a recente publicação da primeira edição em italiano moderno de *I modi* (1984), já se reconheceu sua importância como fonte de inspiração de um certo número de criações artísticas realizadas entre os séculos XVI e XVIII em diversas publicações eruditas. As ilustrações foram abundantemente reproduzidas com diferentes técnicas: em gravuras, em maiólica, cristal e moldadas em bronze. Graças a sua difusão, *I modi* chegou a ser conhecido em muitos círculos e influiu nas representações dos trabalhos de ourivesaria, esmaltes e também nos trabalhos de estuque.

Dado que *I modi* tem raízes e nasce das artes pictóricas, enquanto historiador da arte considerei que o mais adequado seria apresentar a obra passando brevemente em revista os precedentes encontrados na arte da Idade Média e na primeira parte do Renascimento, para depois discutir sua posterior influência nas artes decorativas. No entanto, por serem breves e incompletas, estas observações limitam-se a oferecer um marco de referência para o que esta publicação tem de fundamental: as reproduções em fac-símile dos sonetos e ilustrações de *I modi* e as notas e interpretações magistrais e engenhosas de Lynne Lawner. Finalmente, este prólogo pretende homenagear o enorme esforço da autora, que recuperou, reeditou e voltou a trazer à luz do dia este tesouro escondido, beneficiando não só os estudiosos, mas também todo o gênero humano.

Na arte medieval não são abundantes as representações de casais realizando o ato amoroso. Só em alguns espelhos, estojos de espelhos de marfim lavrado e em algumas ilustrações de manuscritos o artista se atreveu a representar esse grau máximo de intimidade entre homem e mulher. Mas, mesmo quando os amantes aparecem como o *sponsus* e a *sponsa* do *Cântico dos cânticos* de Salomão — seja nos bronzes que decoram o estojo e o cabo do espelho do século XII procedente de Bussen (que hoje se encontra em Frankfurt) ou numa das ilustrações da história de *Tristão e Isolda* —, estão envoltos em amplas roupagens que cobrem as duas figuras ou ocultos até o pescoço por ricos lençóis e colchas. Assim, os detalhes e posições de seus corpos e ações são deixados à imaginação do espectador ou às escassas explicações do texto que os acompanha. Só em alguns poucos exemplos as suntuosas cobertas se levantam para mostrar o casal de amantes.

Uma dessas raras imagens encontra-se numa das grandes páginas de pergaminho de pele de vitela de uma bíblia em miniatura conservada na Biblioteca Pierpont Morgan de Nova York. Seu autor, um renomado iluminador parisiense, que trabalhou por volta de 1255, deleita-se com a ousada representação da história de Davi e Betsabé em dois dos registros das miniaturas, realizadas com grande riqueza de detalhes e adornadas com dourados. Na parte superior, aparece o rei observando a bela mulher nua no banho. A história continua no lado esquerdo do registro inferior, que representa o adultério de Davi. Trata-se de uma ilustração, com cores vivas e ousadamente detalhadas, do rei e de Betsabé abraçados sob a colcha azul da cama real, cercada por cortinas. O rei Davi, coroado, acaricia despudoradamente os seios nus da mulher, que se submete à carícia com evidente prazer. As cores da parte superior de seus corpos nus são sensuais, e a representação anatômica é reveladora. Levando-se em conta a natureza nitidamente erótica da composição, o grande candelabro dourado que sustenta uma vela ereta de cera e se alça por trás do centro da cama talvez tenha outra função além daquela de iluminar a cena de amor; sua forma ereta poderia ser uma alusão à virilidade de Davi.

Nas páginas privadas dos livros de modelos, dos livros de amostras e dos cadernos de esboços de diferentes artistas que trabalharam no final do século XIV e no início do século XV, tanto na Itália como no Norte da Europa, estão conservados e registrados vislumbres ainda mais íntimos de jogos preliminares ao ato sexual. Em muitas das páginas pequenas mas bem aproveitadas do chamado *Livro de desenhos de Braunschweig*, um artista alemão ou boêmio representou com traços rápidos e enérgicos e com encantador realismo os jogos amorosos de jovens donzelas e cavalheiros, assim como cenas de homens feitos que compram o amor e o carinho de prostitutas seminuas. Seriam elas as precursoras das heroínas de *I modi*? Seja como for, essas representações de casais são adornadas com gestos sugestivos, prendas e outros componentes amorosos: uma mão agarrando um seio nu e apalpando por baixo de uma saia levantada, a adaga do cavalheiro apontando indecentemente para as pregas que cobrem a coxa da jovem. No entanto, essas imagens e atitudes nunca chegam à franqueza e à clareza que caracterizam as ilustrações de *I modi*.

Um documento igualmente raro, procedente da Itália, pode ser considerado como um dos antecedentes de *I modi*: o chamado *Taccuino*, que atualmente se atribui a Tommaso da Modena e se encontra na Biblioteca Pierpont Morgan de Nova York. Em suas páginas de pergaminho também não encontramos nenhuma representação explícita do ato amoroso, mas delas emana um espírito claramente erótico. Aqui, as ações dos amantes e os símbolos e alegorias do amor são mais refinados; os jogos preliminares e a intimidade do intercâmbio amoroso são disfarçados por meio de instrumentos musicais que o casal toca e utiliza em seus jogos, com destreza e de maneira muito sugestiva.

Na arte italiana do início do século XV, o ato amoroso continuava sendo representado à maneira antiga: debaixo das cobertas. O casal nu e (podemos supor) recém-casado do famoso afresco da câmara de San Gimignano está castamente coberto por uma manta ricamente bordada; só a nudez da parte superior de seus corpos e a natureza da cena nos sugerem o ato amoroso. É uma atitude bem diferente daquela mais aberta e liberada que se revela nas representações do coito nas páginas abundantemente ilustradas do *Tacuinum Sanitatis* (um guia de saúde), que fez muito sucesso na primeira metade do século XV. Conforme atestam os diversos exemplares que se conservaram, esses livros ilustrados eram muito apreciados no Norte da Itália, na Lombardia.

O casal fazendo amor reproduzido na página 68 do exemplar de cerca de 1400 (atualmente em Liège) assume uma posição muito parecida com a da xilogravura que inspirou o soneto XII de *I modi*. Embora estejam totalmente vestidos, o calor de sua atividade amorosa revela os seios e as coxas nuas, assim como as meias da mulher, meio baixadas, que chegaram a se tornar um símbolo consagrado de lascívia. Com o tempo, o coito se mostra claramente, com um vigoroso realismo, que precede a intensidade e a despudorada franqueza da posição equivalente ilustrada e descrita no primeiro soneto de *I modi*, assim como no verso do fólio 100 do posterior manuscrito parisiense do *Tacuino*. A nudez completa desse casal e suas carícias desenfreadas são compensadas, e de certo modo amenizadas, por um vestígio medieval que ainda persiste: a colcha transparente que não deixa ver com toda a clareza a parte inferior de seus corpos, mas evidencia a natureza de seus passatempos amorosos.

Ao que parece, o antecedente imediato das ilustrações de *I modi* é uma série de criações artísticas, com diferentes técnicas, da segunda metade do século XV. É interessante constatar que a maior parte delas é realizada com técnicas e métodos artísticos de gravura e reprodução, sendo que alguns eram invenções da época que alcançaram grande popularidade. *A fonte do amor*, de Antonio Pollaiuolo, uma gravura em nigelo da década de 1480, é o exemplo mais antigo de uma representação clara das mesmas acrobacias amorosas descritas no soneto XV de *I modi* e da composição em que este se inspira. Nesta pequena gravura (atualmente se encontra em Pavia), da qual se têm poucas referências, vêem-se dois casais acoplados na posição descrita, um de cada lado da grande pia de uma fonte profusamente decorada com *putti* ou *amoretti*. As semelhanças entre essa gravura e a composição, quanto às posições dos corpos e também quanto às expressões de êxtase dos rostos, são tão evidentes, que me vejo tentado a sugerir que o inventor/autor das ilustrações de *I modi* viu, sem dúvida, a gravura de Pollaiuolo (ou alguma cópia dela) e adotou essa representação por considerá-la perfeita para a posição de prazer descrita no seguinte soneto:

Vede como a segura com os braços
suspensa com as pernas levantadas em seus flancos,
parecendo desfazer-se de prazer.

Mais uma prova da disponibilidade e da crescente difusão de *A fonte do amor* de Pollaiuolo e de outros nigelos, quanto ao estilo, é uma cópia dessa obra que faz parte dos motivos decorativos das margens de um breviário em miniatura, pintado por Francesco de Kastello Ithallico de Mediolano, para um preboste húngaro na década de 1480. Essa composição — conservada na Biblioteca Nacional de Budapeste —, adaptada à forma verticalmente alongada da margem, repete-se à maneira vigorosa do nigelo; embora não tenha sofrido alterações, enfatizam-se o aspecto sexual, a nudez e as ações dos casais, realçados pelas cores luminosas. No momento de pintar as páginas desse breviário, o mestre Francesco morava e trabalhava na corte húngara em Buda. Se fosse possível demonstrar que tinha em seu poder um exemplar do nigelo de Pollaiuolo, ou pelo menos uma cópia dele, esta seria uma prova contundente da expansão da influência da gravura, também para além das fronteiras da Itália e de seus centros artísticos.

Outro antecedente possível das composições, do estilo e do espírito das imagens de *I modi* leva-nos a uma história igualmente interessante e misteriosa. Trata-se de uma placa de cobre gravada, única, datada do último quartel do século XV; atualmente encontra-se na Galeria Nacional de Arte de Washington, D. C. A placa, de proporções bastante grandes (150 mm × 224 mm), é gravada dos dois lados. Não há registro da existência de tiragens primitivas dela, mas não há dúvida de que foi utilizada em várias ocasiões, pois apresenta indícios claros disso. As duas imagens são, sem dúvida, alegorias sexuais, mas a do verso tem relação direta com o tom, a franqueza e o estilo de *I modi.* Nas poucas publicações em que é descrita ou reproduzida, aparece como *Alegria da cópula.* A placa de cobre mostra um jovem casal sentado frente a frente na extremidade de um banco, realizando o ato sexual. Os dois, reclinados e seminus (no decorrer do ato amoroso suas túnicas deslizaram de seus corpos), são desenhados com traços sensíveis de buril, sendo que a expressão de seus rostos e suas posturas lembram a imagem e as palavras do soneto XV. No entanto, a posição frente a frente mais parece a posição representada numa das litografias de De Waldeck, em 1858. Talvez isso indique que tais variações existissem entre os desenhos originais e as cópias posteriores, ou que tivessem sido introduzidas segundo outras fontes similares à imagem da placa de cobre. A grande carga de erotismo desta imagem é ainda mais realçada pela figura de um grande falo alado ou *ucello,* que está pousado no outro extremo do banco e observa atentamente o enérgico ato amoroso.

O estilo da gravura da placa de Washington tem sido comparado com freqüência ao dos desenhos de Bernardo Parentino (*c.* 1437-1531), que trabalhava em Pádua, ou ao dos desenhos de Francesco Del Cossa (*c.* 1436-1478), que trabalhava principalmente em Ferrara. Assim, o estilo e o tema da imagem dessa placa extraordinária parecem seguir a tradição do Norte da Itália e da Lombardia; também têm estreita relação com a atividade artística e a arte da gravura em Veneza e arredores. Até sua função (uma placa utilizada para gravar imagens eróticas, supõe-se que para sua difusão) aproxima-a das imagens e intenções de *I modi.*

Uma boa prova documental de que imagens desse tipo eram produzidas e distribuídas em maior escala do que até hoje se acreditava, ou se admitia, é uma gravura representando um casal fazendo amor, atribuída ao pintor e gravador Zoan Andrea. Andrea trabalhou em Mântua e em Milão, entre *c.* 1475 e 1519, mas estudara no ateliê de Mantegna, em Veneza, onde sem dúvida se familiarizou com as idéias e imagens do humanismo e com as figuras mitológicas e amorosas, entre outras. A gravura chamada *Os dois amantes* data de cerca de 1500 e representa um avanço ainda maior em relação à composição da placa de cobre de Washington. Aqui, os únicos personagens são os amantes: mais uma vez, estão sentados frente a frente sobre um móvel decorado com um *cassone*, colocado diante de uma cortina amarrada com cintas a duas árvores que ladeiam a cena. O espírito dessa imagem tem afinidade ainda maior com aquele de *I modi:* o ato amoroso é igualmente enérgico e vigoroso, e sua posição é um antecedente direto de uma das litografias de De Waldeck e das palavras do soneto XVI:

Da cama na arca fui parar.
Oh, que prazer é esse que me dás!

Um fundidor de peças de bronze de Pádua, Ulocrino, copiou essa gravura no início do século XVI, transformando o jovem imberbe num hirsuto Hércules, mas sem alterar em nada a composição nem a posição dos amantes.

Contudo, é na obra de um escultor e fundidor de Pádua, Andrea Briosco, chamado "el Riccio" (*c.* 1470-1532), que encontramos os mais notáveis protótipos e paralelismos de *I modi.* Esse artista foi educado dentro das idéias humanistas da Universidade de Pádua e aprendeu a arte e as tradições do trabalho do bronze em Veneza. Entre 1510 e 1530 criou uma série inigualável de pequenas figuras e grupos de bronze de sátiros masculinos e femininos, que, além de acompanharem e complementarem as xilogravuras e sonetos de nosso pequeno livro, também demonstram claramente o quanto estavam profundamente arraigados nas tradições e na prática da arte na Itália, principalmente nos centros artísticos do Norte do país.

Alguns dos grupos de "el Riccio", maravilhosamente moldados e fundidos — como, por exemplo, o casal de sátiros que se encontra no Museu Victoria and Albert —, só mostram os jogos preliminares ao ato amoroso: abraços, pernas levantadas e expressões extasiadas dos sátiros. No entanto, manifestam sentimentos e estados de espírito intimamente relacionados com os de *I modi*. Outros grupos, por sua vez — como o casal de Ecouen, recentemente reunido —, mostram a mesma posição amorosa aberta que acompanha o soneto XV. Outra composição de "el Riccio", que um colecionador particular há pouco adquiriu em leilão, mostra o casal de sátiros unido em uma posição frente a frente, à maneira da imagem da placa de cobre do século XV, anteriormente mencionada. O caráter erótico desse bronze é intensamente realçado pela cor marrom profunda e sensual e pela pátina das figuras, e também pelos primorosos retoques, que tendem a destacar os detalhes anatômicos. O casal de sátiros de um tinteiro conservado no Museu do Louvre reproduz em cada detalhe da pose, dos braços e das pernas a intrincada posição do soneto II, como se estivessem recitando estas mesmas palavras:

levanta bem esta perna e faz bom jogo,
depois mexe, sem considerações.

A questão sobre se os casais de sátiros arcádicos de "el Riccio" foram inspirados nas imagens de *I modi* ou vice-versa será motivo de numerosas discussões. A partir das provas que apresentamos até aqui, podemos começar a nos inclinar na direção da venerável tradição do Norte da Itália de representar casais fazendo amor; a arte de Siena e de Florença também mostra alguns exemplos precoces desse gênero. Assim, levando-se em conta a relação incessante entre a arte desses centros e Roma, o contínuo tráfico de artistas e de obras de arte, é de supor, sem dúvida, que esses protótipos do Norte da Itália tenham animado — e até influenciado e inspirado — tanto o romano Giulio Romano como o bolonhês Marcantonio Raimondi (que até trabalhou em Veneza entre 1506 e 1508), na criação da extraordinária série de imagens eróticas que nos é oferecida pelo único exemplar de *I modi* que chegou até nós.

Por outro lado, não se deve descartar a possibilidade de desenvolvimentos e interesses paralelos, sobretudo levando-se em conta determinadas diferenças básicas entre os casais de sátiros de "el Riccio" e os de seres humanos de *I modi*. Por exemplo, chama bastante a atenção o grande interesse que os sátiros demonstram pelos seios femininos durante o ato amoroso. São as partes do corpo em que houve maior cuidado com o modelado naturalista das formas, com a intenção de acentuar detalhes anatômicos como os mamilos eretos. Além disso, os seios têm um papel importante antes e depois do ato sexual: nas composições de grupos, a mulher os oferece ao amante, e ambos os acariciam com bastante freqüência. Ao contrário, em nenhuma das xilogravuras de *I modi* se reflete qualquer interesse pelo tema; nos sonetos, que nos proporcionam um profundo inventário de outras partes do corpo, não são mencionados em nenhum momento.

É possível que surjam discussões sobre as relações entre *I modi* e a obra de "el Riccio"; no entanto, é indiscutível o fato de que, pouco depois de Giulio Romano terminar seus desenhos e de surgirem as gravuras de Marcantonio, e após a publicação da segunda edição e das edições piratas subseqüentes, as imagens eróticas desse livro tiveram influência considerável em todos os campos das artes figurativas e decorativas. Essa influência se faz sentir profundamente nas pinturas, desenhos e gravuras em diversas técnicas, assim como nas maiólicas e nos bronzes; não se limitou ao âmbito italiano, mas chegou muito além dos Alpes. Agora que esta edição de *I modi* está mais fácil de se conseguir, torna-se possível identificar cada vez mais exemplos dessa influência. Por conseguinte, em seguida consideraremos apenas alguns deles: há os que já são sobejamente conhecidos, e há outros que vieram à luz do dia há não muito tempo.

Nas vinte gravuras de Jacopo de Caraglio, provavelmente publicadas pouco depois de 1527, as imagens de *I modi* foram transformadas para representar os amores dos deuses; mas tanto ele como seus imitadores arranjaram-nas de modo a evitar a perigosa franqueza, característica de Giulio Romano e Marcantonio (ambos foram alvo das iras do Papa). A maioria das gravuras mostra um prudente retorno às representações dos jogos amorosos preliminares menos comprometidos, posições insinuantes e outras intimidades físicas, sem nunca representar a união ou o coito. Assim, Herse aparece na mesma postura descrita pelo soneto II, mas ainda separada de Mercúrio; Júpiter e Io adotam uma posição muito parecida com a do casal do soneto VI, mas não chegam a estar totalmente unidos em suas atividades amorosas. Finalmente, Hércules e Dejanira estão sentados, numa posição que lembra a do soneto X, mas que está longe de ser tão reveladora quanto os acasalamentos de *I modi*.

Os artistas do Norte — em cujas obras a influência das imagens eróticas italianas foi se filtrando de maneira lenta, mas evidente, a partir da década de 1530 — adotam as mesmas precauções. Adão e Eva, ou Hércules e Dejanira, nos quadros de Jan Gossaert ou de Hans Baldung Grien, mostram suas pernas entrelaçadas e seus gestos lascivos. Peter Vischer, o Jovem de Nuremberg (1487-1528), em um de seus últimos bronzes pequenos, representa Adão e Eva sentados e se abraçando, com alguns panos que os cobrem significativamente na altura dos rins; mas os seios retesados de Eva e o abraço apertado lembram os casais de sátiros de "el Riccio". (Este bronze se encontra no Museu de Arte de Cleveland.) As impressões colhidas por Vischer durante sua viagem à Itália (talvez a Veneza e Pádua) são, com toda a probabilidade, as principais fontes de inspiração dessa imagem bastante ousada, uma imagem que também nos lembra o espírito carregado de sensualidade de *I modi*.

Mas mesmo aqueles artistas alemães que nunca viajaram à Itália sofreram o impacto da nova liberdade e das novas imagens. Um exemplo que vem ao caso é o de Conrat Meit de Worms (1470-1544), cujo contato com terras do Sul não passou da cidade de Brou, na França. Apesar disso, moldou uma quantidade considerável de voluptuosas figurinhas nuas em bronze, madeira e alabastro, representando Eva, Vênus e Judite. Seu grupo de Vênus e Marte em Nuremberg (Germanisches Nationalmuseum) é quase tão ousado quanto os pares amorosos de *I modi*. As duas figuras sentadas — que durante muito tempo estiveram separadas, como os sátiros de Ecouen — agora se encontram unidas num abraço amoroso; enquanto o homem acaricia as nádegas da mulher, esta segura seu pênis na mão esquerda, olhando-o despudoradamente, como se estivesse recitando o soneto IV:

[M.] — Este é um belo pau, longo e grosso.
Vem, se gostas de mim, deixa-me vê-lo!

A extensão da influência de *I modi* e de seu espírito na Alemanha também está bem documentada nos numerosos exemplos de tema amoroso da obra gráfica de Heinrich Aldegrever ou Hans Sebald Beham e, por meio deles, na influência que tiveram sobre as artes decorativas do Renascimento tardio do Norte. Na França, a arte da Escola de Fontainebleau parece estar repleta de composições, figuras isoladas e adaptações extraídas das ilustrações de *I modi*. Os membros italianos dessa escola, como Primaticcio, discípulo de Giulio Romano, conheciam essas ilustrações em primeira mão; no final da década de 1550, artistas franceses como Léon Davent as copiaram com entusiasmo a partir das obras de seus mestres do Sul, adornando as composições com elementos do gosto e dos requintes amorosos autóctones.

A influência de *I modi* na maiólica, a arte decorativa renascentista por excelência, foi reconhecida e admitida há pouco tempo. Já se sabia que aqueles objetos brilhantes e de cores vivas eram abundantes em figuras, temas e composições amorosas, mas essas imagens e suas fontes geralmente não eram mencionadas ou explicadas na literatura erudita. Os exemplos recentemente descobertos de cópias de *I modi* e de outras relacionadas com ele são tão numerosos, que bastará nos determos aqui em alguns grupos.

Os casos mais interessantes encontram-se na obra de Francesco Xanto Avelli da Rovigo. Esse artista, como seu nome indica, nasceu perto de Ferrara e Veneza, por volta de 1486; o fato de suas obras assinadas a partir de 1530 levarem a inscrição *in Urbino* indica que ele passou a maior parte de sua vida nessa cidade, na refinada corte da família della Rovere. Xanto não só era um pintor de maiólicas muito criativo, como também um homem muito instruído. É autor de alguns sonetos de louvor dedicados ao duque Francesco Maria della Rovere, e as peças de maiólica pintadas por ele que se conservaram demonstram seu domínio de uma ampla gama de recursos tanto literários como artísticos. Tinha *I modi* em alta conta, enquanto artista visual e também enquanto poeta, e desde 1532 fez numerosos desenhos a partir de suas ilustrações. Às vezes só retinha a pose de uma das figuras, como numa bandeja da famosa baixela Pucci (atualmente na Coleção Clark, em Washington, D. C.): a figura do homem que leva uma tábua de um barco naufragado é uma cópia do homem do casal que faz amor na xilogravura do soneto VIII. Em outra bandeja maravilhosamente pintada, que se encontra no Museu Britânico, também datada de 1532, a voluptuosa

Vênus é a imagem invertida da mulher do soneto IX. Por estes e outros inúmeros exemplos do uso que Xanto faz de *I modi*, podemos supor que provavelmente tinha em seu poder e examinou detidamente exemplares das gravuras de Marcantonio, e possivelmente também um exemplar de toda a obra.

Mas Xanto não foi o único pintor de maiólicas a utilizar *I modi*. Em Pesaro, Sforza di Marcantonio — talvez influenciado por Xanto — deve ter conhecido também as gravuras amorosas ou as xilogravuras posteriores. Assim, numa bandeja datada de 1557 (atualmente na Coleção Clark, Washington, D. C.) reproduz a figura da mulher lasciva do soneto V como Filira, amante de Saturno. Hoje em dia, admite-se sem vacilações que composições inteiras, elementos e reminiscências de *I modi* faziam parte do vocabulário das maiólicas do *Cinquecento*. Mais do que isso, o novo espírito de representações evidentemente eróticas é, às vezes, um dos elementos de coesão que definem alguns ateliês e seus estilos. O famoso grupo Orsini-Colonna, que atualmente se encontra disperso por todo o mundo, é um exemplo perfeito disso. O vasto conjunto de recipientes de botica, fabricado em Castelli entre 1520 e 1540 para alguma ocasião ou instituição especial relacionada com essas duas famílias ilustres, contém uma pequena enciclopédia do novo tipo de imagens. Entre elas há voluptuosas figuras de Vênus ou Cleópatra nuas, com sugestivos *deshabillés à la belle donne*, e casais incomuns, em sua maioria de mulheres jovens e homens velhos, dedicados a suas tarefas amorosas.

Outro conjunto menos conhecido de recipientes, dos quais quinhentos e oitenta e dois ainda se conservam na farmácia de San Salvador de Roccavaldina, em Messina, é repleto de imagens que lembram nosso pequeno livro. Tudo indica que esse conjunto extraordinário foi fabricado em Urbino entre 1570 e 1580, nos ateliês das famílias Fontana e Patanazzi, ambas muito conhecidas. Sobre elas, existe farta documentação provando sua condição de fornecedores de objetos de maiólica por atacado. Na decoração desses objetos, também inspirados pelas *Metamorfoses* de Ovídio, os dois ateliês recorreram a imagens, posições e movimentos amorosos que trazem a marca de *I modi*: assim, Netuno e Filira fazem amor como o casal do soneto X; Filira aparece na posição do soneto IV; as filhas de Lot imitam as posições dos sonetos VII e XVI. Também aparecem imagens semelhantes nas vasilhas de maiólica e nos grupos para decoração de aparadores. Nas bandejas de um desses grupos, fabricado em Urbino na segunda metade do século XVI (atualmente no Museu Nacional de Estocolmo), percebe-se claramente essa tendência: Marte e Vênus são copiados do soneto IV, Filira do soneto VI, e assim por diante. O surpreendente é que as peças desses grupos fossem exibidas publicamente em ocasiões de celebrações (como casamentos) ou no âmbito de instituições monásticas (como a farmácia de San Salvador), o que indica que essas imagens gozavam das graças não só dos artistas, mas também do público em geral.

George Szabo

CAPÍTULO 1
OS 16 PRAZERES
(I modi)

POSIÇÃO 1

Foram conservadas três impressões da gravura original em que se baseia esta xilogravura. Todas elas nos permitem ter uma idéia de quanto devem ter sido harmoniosas as formas dos desenhos de Giulio Romano. Tanto na xilogravura como na reconstrução de De Waldeck (p. 107), evidencia-se a beleza das nádegas da mulher. Algumas figuras priápicas vigiam o leito dos amantes para afugentar os espíritos malignos e protegê-los.

FOttiamci anima mia,fottiamci presto
Poi che tutti per fotter nati siamo
E se tu il cazzo adori,io la potta amo
E saria il mondo un cazzo senza questo;
E se post mortem fottèr fuss'honesto
Direi tanto fottiam,che ci moriamo
Per fotter poi de la Eua, & Adamo
Che trouaro il morir si dishonesto;
Veramente gliè uer,che s'i furfanti
Non mangiauan quel pomo traditore
Io sò che si sfoiaunno gli amanti,
Ma lasciamo ir le ciancie, & in fino àl core
Ficcami il cazzò,e fa ch'iui si schianti
L'anima,che'n su'l cazzò hor nasce hor more
E s'è possibil fore.
Non mi tener la potta i coglioni
D'ogni piacer fottuto testimoni.

Sonetto I

[U.] — Fottiamci, anima mia, fottiamci presto,
poiché tutti per fotter nati siamo,
e se tu il cazzo adori, io la potta amo,
e saria il mondo un cazzo senza questo.

E se post mortem fotter fuss'onesto,
direi: tanto fottiam che ci moriamo,
per fotter poi de là Eva ed Adamo,
che trovaro il morir sì disonesto.

[D.] — Veramente gli è ver, che s'i furfanti
non mangiavan quel pomo traditore,
io so che si sfoiavano gli amanti.

Ma lasciamo ir le ciancie, e insino al core
ficcami il cazzo, e fa' ch'ivi si schianti.
l'anima che 'n sul cazzo or nasce or more.

[U.] — E s'è possibil, fore
non mi tener 'de' la potta i coglioni,
d'ogni piacer fottuto testimoni.

Soneto I

[H.][1] — Fodamos, vida minha, fodamos já,
pois todos nascemos para foder,
e se o pau tu adoras, eu amo a cona,
4 e o mundo sem isso um caralho seria.

E se foder após a morte fosse honesto,
diria eu: então fodamos até morrer,
para depois disso foder Eva e Adão
8 que inventaram a morte tão desonesta.

[M.] — E é verdade que, se aqueles patifes
não tivessem comido o fruto traidor,
11 sei que os amantes se saciariam.

Mas esqueçamos as histórias, e até o coração
enfia-me o pau, e aí faz consumir-se
14 a alma que nele ora nasce ora morre.

[H.] — E, se possível,
não mantenhas fora da cona meus testículos,
17 de todo o prazer desfrutado testemunhas.

POSIÇÃO 2

Esta xilogravura corresponde exatamente à posição descrita no soneto. Com seu braço direito o homem mantém a perna esquerda da mulher firmemente levantada, enquanto com a mão esquerda atua de acordo com os desejos dela. No cenário, chama a atenção a combinação de elementos paisagísticos e de interior, muito freqüente na pintura veneziana do século XVI.

Mettimi un dito in cul caro uecchione
E spingi dentro il cazzo apoco apoco
Alza ben questa gamba, e fa buon gioco
Poi mena senza far reputatione;
Che per mia fe qdesto è, miglior boccone
Che mangiar il pan unto apresso il foco
E s'in potta ti spiace, muta loco
C'huomo non è, chi non è bugerone;
In potta io ue'l farò questa fiata,
E, in cul quest'altra, e'n potta, e'n culo il cazzo
Me fara lieto, e uoi lieta, e beata;
E chi uol esser gran maestro e pazzo
Che proprio e un uccel perde giornata
Che d'altro, che di fotter ha solazzo,
E crepi nel palazzo
Ser cortigiano, & aspetti, che'l tal moya,
Ch'io per me penso sol trarmi la soia

Sonetto II

[D.] — Mettimi un dito in cul, caro vecchione,
e spingi dentro il cazzo a poco a poco,
alza ben questa gamba e fa' buon gioco,
poi mena senza far reputazione:

ché per mia fé questo è miglior boccone
che mangiar il pan unto appresso il foco,
e s'in potta ti spiace muta loco,
ch'uomo non è chi non è bugerone.

[U.] — In potta io ve 'l farò questa fiata
e in cul quest'altra; e 'n potta e 'n culo il cazzo
me farà lieto, e voi lieta e beata.

E chi vol esser gran maestro è pazzo,
che proprio è un uccel perde-giornata,
chi d'altro che di fotter ha solazzo.

E crepi nel palazzo
ser Cortigiano e aspetti che 'l tal moia,
ch'io per me penso sol trarmi la foia.

Soneto II

[M.] — Enfia-me um dedo no cu, velho querido,
e mete o pau para dentro, pouco a pouco,
levanta bem esta perna e faz bom jogo,
4 depois mexe, sem considerações:

que por minha fé este é melhor bocado
do que comer pão com azeite ao pé do fogo
e se a cona te desagrada, muda de lugar
8 que homem não é quem não o tenha feito.

[H.] — Na cona o farei desta vez
e no cu desta outra; e na cona e no cu o pau
11 far-me-á feliz e a vós feliz e bem-aventurada.

E quem quer ser mestre é louco,
é como um pássaro que perde tempo,
14 que folga com outra coisa em vez de foder.

E fica no palácio,
Cortesão, e espera que o tal morra[2],
17 enquanto só penso em saciar meu apetite.

POSIÇÃO 3

Esta xilogravura revela uma tentativa interessante, embora não totalmente bem-sucedida, de criar a impressão de perspectivas por meio do escorço. Os órgãos sexuais são exibidos ostensivamente. Não há reconstrução de De Waldeck.

Q Vesto cazzo uoglio io, non un thesoro
Quest, è colui, che puo far felice
Quest'è un cazzo proprio da Imperatrice
Questa gemma ual piu, ch'un pozzo d'oro,
Ohime cazzo aiutami ch'io moro
E troua ben la foia in la matrice
In fine un cazzo piccol si disdice
S'in la potta osseruar uuole il decoro,
Patrona mia uoi dite ben il uero
Che chi ha picciol cazzo & in potta fotte
Meriteria d'aqua fredda un cristero,
Chi n'ha poco in cul fotta di, e notte
Ma chi l'ha, com'io spietato e fiere
Sbizzariscasi sempre nelle potte
Glie uer, ma noi siam ghiotte
Del cazzo tanto, e tanto ci par lieto
Che terremmo la guglia innanzi e drito

Sonetto III

[D.] — Questo cazzo voglio io, non un tesoro,
quest'è colui che può far felice,
quest'è un cazzo proprio da imperatrice,
questa gemma val più ch'un pozzo d'oro.

Ohimè, cazzo, aiutami, ch'io moro,
e trova ben la foia in la matrice!
Infine un cazzo piccol si disdice,
s'in la potta osservar vuole il decoro.

[U.] — Patrona mia, voi dite ben il vero,
chè chi ha picciol cazzo e in potta fotte
meriteria d'aqua fredda un cristero.

Chi n'ha poco in cul fotta dì e notte,
ma chi l'ha, com'i'ho spietato e fiero,
sbizzarriscasi sempre nelle potte.

[D.] — Gli è ver, ma noi siam ghiotte
del cazzo tanto, e tanto ci par lieto
che terremmo la guglia innanzi e drieto.

Soneto III

[M.] — Este pau quero eu, e não um tesouro,
este é quem pode fazer feliz,
este é um pau digno de imperatriz,
4 esta gema vale mais que um poço de ouro.

Ai de mim, pau, ajuda-me senão morro,
e encontra o ardor na matriz!
Afinal um pau pequeno se contradiz
8 se na cona quer observar o decoro.

[H.] — Senhora minha, dizeis a verdade,
quem tem pau pequeno e fode na cona
11 mereceria de água fria um clister.

Quem tem pouco no cu fode dia e noite,
mas quem o tem, como eu, intrépido e altivo,
14 farta-se sempre nas conas.

[M.] — É verdade, mas tão ávidas
somos pelo pau, e tanto nos dá júbilo
17 que levamos o obelisco na frente e atrás.

POSIÇÃO 4

Nesta xilogravura, a cortesã ajuda o companheiro a introduzir o órgão. Observe-se a orelha ligeiramente pontiaguda do homem. Parte do busto da mulher e o busto do homem aparecem em dois fragmentos da gravura do Museu Britânico (ver pp. 140-141).

QVest'è pur un bel cazzo, e lungho e grosso
Deh (se m'hai cara lasciame'l uedere
Vegliam prouar se potete tenere
Questo cazzo in la potta, e me adosso,
Come s'io uo prouar? come s'io posso?
Piu tòsto questo, che mangiar ò bere
Ma s'io ui frango poi stando a giacere
Faroui mal? tu hai'l pensier del Rosso
Gettati pur nel letto ó ne lo spazzo
Sopra di me, che se marphorio fosse
O un gigante n'haurò maggior solazzo
Pur che mi tocchi le midolle, e l'osse
Con questo tuo si uenerabil cazzo
Che guarisce le potte da la tosse
Aprite ben le cosse
Che potran de le donne esser uedute
Vestite meglio si, ma non fottute

Sonetto IV

[D.] — Quest'è pur un bel cazzo e lungo e grosso.
Deh, se m'hai cara, lasciamel vedere!
[U.] — Vogliam provar se potete tenere
4 questo cazzo in la potta e me adosso?

[D.] — Come s'io vo provar? come s'io posso?
più tosto questo che mangiar o bere.
[U.] — Ma s'io vi frango poi stando a giacere,
8 faròvi mal! [D.] — Tu hai 'l pensier del Rosso!

Gèttati pur nel letto o ne lo spazzo
sopra di me, che se Marforio fosse
11 o un gigante, n'avrò maggior solazzo:

pur che mi tocchi le midolle e l'osse
con questo tuo sì venerabil cazzo,
14 che guarisce le potte da la tosse.

[U.] — Aprite ben la cosse,
ché potran de le donne esser vedute
17 vestite meglio sì, ma non fottute.

Soneto IV

[M.] — Este é um belo pau, longo e grosso.
Vem, se gostas de mim, deixa-me vê-lo!
[H.] — Vamos provar se podeis manter
4 este pau na cona e eu por cima?

[M.] — Se quero provar? se posso?
prefiro isso a comer ou beber.
[H.] — Mas se vos esmago estando deitado
8 irei machucar-vos! [M.] — Pensas como o Rosso![3]

Lança-te pois ao leito ou ao chão
sobre mim, pois se fosses Marforio[4]
11 ou um gigante eu não teria maior gozo:

assim me toques a medula e os ossos
com esse teu pau tão venerável,
14 que cura as conas da tosse.

[H.] — Abre bem as coxas,
que mulheres poderão ser vistas
17 melhor vestidas, sim, mas não melhor fodidas.

POSIÇÃO 5

A xilogravura e o soneto desta posição foram perdidos, pois falta a folha correspondente na edição de 1527. Emparelhei um soneto que parece ser obra de Aretino com dois dos fragmentos do Museu Britânico (ver pp. 140-141) que não correspondem a nenhuma das catorze xilogravuras, mas poderiam corresponder à posição descrita no poema. Na p. 110 aparece um desenho de De Waldeck que reúne os dois fragmentos.

Sonetto V

[U.] — Posami questa gamba in su la spalla,
e levami dal cazzo anco la mano,
e quando vuoi ch'io spinga forte o piano,
4 piano o forte col cul sul letto balla.

E s'in cul dalla potta il cazzo falla,
di' ch'io sia un forfante e un villano,
perch'io conosco dalla vulva l'ano,
8 come un caval conosce una cavalla.

[D.] — La man dal cazzo no levarò io,
non io, che non vo far questa pazzia,
11 e se non vuoi così, vati con Dio.

Che 'l piacer dietro tutto tuo saria,
ma dinanzi il piacere è tuo e mio,
14 siché, fotti a buon modo, o vanne via.

[U.] — Io non me n'anderia,
signora cara, da così dolce ciancia,
17 s'io ben credessi campar il Re di Francia.

Soneto V

[H.] — Pousa esta perna sobre meu ombro
e tira-me do pau também a mão,
e quando quiseres impulsos fortes ou suaves
4 com suavidade ou força embala o cu na cama.

E se a cona o pau errar e for para o cu
diz que sou patife ou vilão,
pois sei distinguir da vulva o ânus
8 como um cavalo distingue uma égua.

[M.] — A mão do pau não tirarei,
não eu, que não cometerei tal loucura,
11 e se assim não queres, vai com Deus.

Que o prazer por trás seria todo teu,
mas pela frente o prazer é teu e meu,
14 assim, fode do modo certo ou vai embora.

[H.] — Pois não me iria,
cara senhora, de tão doce conversa,
17 nem para salvar o rei da França[5].

POSIÇÃO 6

A xilogravura e o soneto desta posição se perderam, pois falta a folha correspondente na edição de 1527. Emparelhamos um dos *Sonetos luxuriosos* com uma reconstrução de De Waldeck. Este é o único caso em que a mulher aparece ligeiramente acima do homem, e o soneto que acompanha a imagem sugere essa posição. O motivo de Netuno do desenho de De Waldeck é um exemplo típico de como este artista tentava reforçar a temática dos "amores dos deuses".

Sonetto VI

[D.] — Perch'io prov'or un sì solenne cazzo,
che mi rovescia l'orlo de la potta,
io vorrei esser tutta quanta potta,
ma vorrei che tu fossi tutto cazzo.

Perché s'io fossi potta, e tu cazzo,
isfameria per un tratto la potta,
e tu averesti anche da la potta
tutto il piacer che può aver un cazzo.

Ma non potendo esser tutta potta,
né tu diventar tutto di cazzo,
piglia il buon voler da questa potta.

[U.] — E voi, pigliate del mio poco cazzo
la buona volontà: in giù la potta
ficcate, e io in su ficcherò il cazzo;

e dipoi su il mio cazzo
lasciatevi andar tutta con la potta:
e sarò cazzo, e voi sarete potta.

Soneto VI

[M.] — Ao provar agora tão pomposo pau
que me faz virar a orla da cona
quisera ser inteira uma cona
4 mas quisera que fosses inteiro um pau.

Pois se eu fosse cona e tu pau,
saciaria de uma vez a cona,
e também obterias da cona
8 todo o prazer que pode ter um pau.

Mas não podendo ser inteira cona,
nem tu tornar-te inteiro pau,
11 colhe o bem-querer desta cona.

[H.] — E vós, tomai do meu parco pau
a boa vontade: baixai a cona
14 e para cima enfiarei o pau;

e depois, por cima do meu pau
soltai-vos inteira com a cona
17 e serei pau, e sereis cona.

POSIÇÃO 7

O homem, com os cabelos desalinhados, os olhos puxados, as orelhas pontiagudas e o topete, é sem dúvida um sátiro. Este desenho é inspirado no detalhe de um sarcófago báquico que atualmente se encontra no Museu Nacional de Nápoles (ver p. 170).

O'L metterete uoi? di tel di gratia,
Dietro, o dinanzi? io lo uorei sapere.
Perche farotti io forse dispiacere,
Se ne'l cul me lo caccio per disgratia?
Madonna nò, perche la potta satia
Il cazzo sì, ch'ei u'ha poco piacere,
Ma quel ch'io faccio, il fo per non parere
Vn frate Mariano uerbi gratia.
Ma poi, che'l cazzo in cul tutto uolete,
Come uoglion i grandi, io son contento,
Che uoi fate del mio cio che uolete;
E pigliatel' con man, mettetel' drento,
Che tanto utile al corpo il trouarete,
Quanto c'hà gli amalati l'argomento;
Et io tal gaudio sento.
A sentir il mio cazzo in mano a uoi,
Ch'io moriro, se ci fottiam fra noi;

B

Sonetto VII

[U.] — O' 'l metterete voi, ditel di grazia,
dietro o dinanzi? io lo vorei sapere.
[D.] — Perché? farotti io forse dispiacere
4 se nel cul me lo caccio per disgrazia?

[U.] — Madonna no, perché la potta sazia
il cazzo sì, ch'ei v'ha poco piacere;
ma quel ch'io faccio, il fo per non parere
8 un frate Mariano, verbigracia.

Ma poi che 'l cazzo in cul tutto volete,
come voglion i grandi, io son contento
11 che voi fate del mio ciò che volete.

E pigliatel con man, mettetel drento,
ché tanto utile al corpo il trovarete,
14 quanto ch'agli amalati l'argomento.

Ed io tal gaudio sento
a sentir il mio cazzo in mano a voi,
17 ch'io morirò, se ci fottiam fra noi.

Soneto VII

[H.] — Onde o metereis?, dizei, por favor,
atrás ou na frente? Gostaria de saber.
[M.] — Por quê? Acaso te desagradaria
4 se no cu por desgraça o colocasse?

[H.] — Nossa Senhora, não, pois a cona sacia
o pau que já tem pouco prazer;
mas o que faço é para não parecer
8 um frei Mariano[6], *verbi gratia*.

Mas já que o pau no cu todo quereis,
como querem os grandes[7], fico contente
11 em que façais do meu o que quiserdes.

E pegai-o com a mão, enfiai-o dentro,
que tão útil ao corpo o julgareis
14 quanto ao molestado o argumento.

E tal alegria eu tenho
ao sentir meu pau em vossa mão,
17 que morrerei se fodermos entre nós.

POSIÇÃO 8

Esta xilogravura bem poderia representar uma cena de sodomia, embora um tanto acrobática. Na versão primitiva, via-se um arco ao fundo, que deve ter servido de inspiração para a rebuscada cama marchetada e com dossel de De Waldeck.

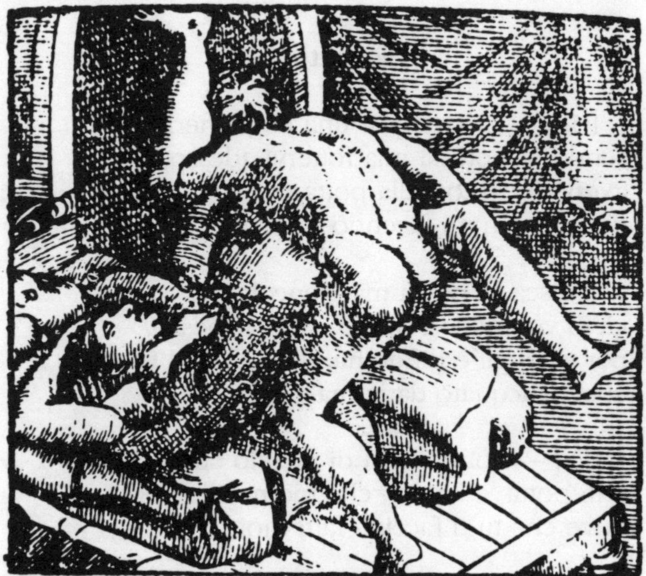

E' Saria pur una coglioneria
Essendo in potestà mia fotteruì adesso,
Hauerui il cazzo nella potta messo,
Del cul non mi facendo carestia;
Finisca in me la mia genealogia,
Ch'io uo fotterui dietro spesso spesso,
Per gli è differente il tondo, e'l fesso
Come l'acquato da la maluagia;
Fottimi, e fa di me cio, che tu uoi,
Et in potta in cul, che me ne curo poco,
Doue, che tu ti faccia i fatti tuoi;
Ch'io per me ne la potta, & in cul ho'l foco.
Et quanti cazzi han muli, asini, e buoi,
Non scemariano a la mia foia un poco;
Poi saresti un da poco
A farmel ne la potta a usanza antica;
Che s'un huomo foss'io non uorrei fica;

Sonetto VIII

[U.] — E' saria pur una coglioneria,
sendo in potestà mia fottervi adesso,
avervi il cazzo nella potta messo,
del cul non mi facendo carestia.

Finisca in me la mia genealogia,
ch'io vo' fottervi dietro spesso spesso,
per 'ché' gli è differente il tondo e 'l fesso
come l'acquato da la malvagia.

[D.] — Fottimi e fa di me ciò che tu voi
e in potta 'e' in cul, che me ne curo poco
dove che tu ti faccia i fatti tuoi.

Ch'io per me ne la potta e in cul ho 'l foco,
e quanti cazzi han muli, asini e buoi
non scemariano a la mia foia un poco

Poi saresti un da poco
a farmel ne la potta a usanza antica,
ché s'un uomo foss'io non vorrei fica.

Soneto VIII

[H.] — E seria então uma tolice,
sendo-me possível foder-vos agora,
ter posto o pau em vossa cona,
do cu não me fazendo carestia.

Termine em mim minha genealogia,
que vos foderei por trás sempre sempre,
pois são diferentes a protuberância e a fenda
tal como o aguado e a malvasia[8].

[M.] — Fode-me e faze de mim o que quiseres
na cona, no cu, pouco me importa
onde faças os teus feitos.

Quanto a mim na cona e no cu tenho fogo,
e todos os paus de mulos, asnos e bois
não aliviariam nem um pouco meu ardor.

E serias de muito pouco
ao fazer-me da cona o uso antigo[9],
se eu fosse homem não quereria vulva.

POSIÇÃO 9

O fato de que as costas musculosas e bem modeladas do homem poderiam ser representadas mais facilmente numa placa de cobre reforça a hipótese de que as xilogravuras foram realizadas por imitação das gravuras a buril. Observam-se problemas na representação da figura feminina. Esta é uma das duas reconstruções em que De Waldeck cometeu um erro (ver p. 114). Sem dúvida ele não conhecia o soneto, pois caso contrário saberia que o homem está deitado em sentido oposto ao da mulher e contempla seu traseiro.

TV m'hai'l cazzo in la potta, e'l cul mi uedi,
Et io ueggio il tuo cul, com'egli è fatto,
Ma tu potresti dir, ch'io son un matto,
Perche io tengo le mani, u'stanno i piedi;
Ma s'a cotesto modo fotter credi
Sei una bestia, e non ti uerra fatto,
Perche asfai meglio nel fotter m'addàtto,
Quando co'l petto su'l mio petto siedi;
I o ui uo fotter per lettra comare,
E uoglin farui al cul tante mammine
Con le dita, co'l cazzo, e co'l menare,
Che sentirete un piacer senza fine,
Vn non so che piu dolce, che'l grattare,
Da Dee, da Duchesse, e da Regine,
E mi direte al fine
Che son un ualent'huomo in tal mistiero,
Ma d'hauer poco cazzo io mi dispiero:

Sonetto IX

[U.] — Tu m'hai 'l cazzo in la potta e 'l cul mi
[vedi,
e io veggio il tuo cul com'egli è fatto;
ma tu potresti dir ch'io son un matto,
4 perché io tengo le mani u' stanno i piedi.

[D.] — Ma s'a cotesto modo fotter credi,
sei una bestia, e non ti verrà fatto,
perché assai meglio nel fotter m'addatto
8 quando col petto sul mio petto siedi.

[U.] — Io vi vo fotter per lettra, comare,
e voglio farvi al cul tante mammine
11 con le dita, col cazzo e col menare,

che sentirete un piacer senza fine,
un non so che più dolce che 'l grattare,
14 da dee, da duchesse e da regine.

E mi direte al fine
che son un valent'uomo in tal mistiero,
17 ma d'aver poco cazzo io mi dispiero.

Soneto IX

[H.] — Tens meu pau na cona e vês meu cu,
e eu vejo teu cu como é feito;
mas poderias dizer que sou louco
4 por ter as mãos onde estão os pés.

[M.] — Mas se crês neste modo de foder,
és uma besta e não o farás,
pois muito melhor ao foder me adapto
8 quando estás com o peito sobre meu peito.

[H.] — Irei foder-vos ao pé da letra, comadre,
e quero fazer-vos no cu tantas coisinhas
11 com os dedos, com o pau e com o mexer,

que sentireis um prazer sem fim,
um não sei quê mais doce que o excitar,
14 entre deusas, duquesas e rainhas.

E me direis ao final
que sou distinto em tal mister,
17 mas por ter pouco pau me desespero.

POSIÇÃO 10

O soneto de Aretino e a xilogravura sugerem a possibilidade de se tratar de um ato de sodomia. A versão do século XIX não o confirma necessariamente.

IO`l uoglio in cul tu mi perdonerai,
O donna io non uo far queſto peccato:
Perche queſt'è un cibo da prelato;
C'hanno il guſto perduto ſempre mai;
Deh mettil qui, non farò, ſi farai
Perche non s'uſa piu dal'altro lato,
Ideſt in potta? ſi, ma gli è piu grato
Il cazzo dietro, che dinanzi aſſai;
Da uoi laſciar mi uoglio conſigliare,
Il cazzo è uoſtro, e s'ei ui piace tanto,
Com'a cazzo gli hauete a comandare,
Io l'accetto ben mio, ſpingil da canto,
Piu la, piu giu, ei c'è ſenza ſputare;
O cazzo buon compagno, o cazzo ſantto.
Toglietc'l tutto quanto.
Io l'ho tolto entro piu, che uolentiere,
Ma ſtarni un'anno ci uorre a ſedere,

Sonetto X

[D.] — Io 'l voglio in cul, tu mi perdonerai!
[U.] — O donna, io non vo far questo peccato,
porché quest'è un cibo da prelato,
4 c'hanno il gusto perduto sempremai.

[D.] — Deh, mettil qui! [U.] — Non farò. [D.]
[— Sì, farai.
[U.] — Perché? non s'usa più da l'altro lato,
idest in potta? [D.] — Sì, ma gli è più grato
8 il cazzo dietro, che dinanzi assai.

[U.] — Da voi lasciar mi voglio consigliare:
il cazzo è vostro e, s'ei vi piace tanto,
11 com'a cazzo gli avete a comandare.

[D.] — Io l'accetto, ben mio: spingil da canto,
più là, più giù, ei c'è, senza sputare!
14 O cazzo, buon compagno, o cazzo santo!

[U.] — Toglietel tutto quanto!
[D.] — Io l'ho tolto entro più che volentiere,
17 ma starvi un anno ci vorre' a sedere.

Soneto X

[M.] — Quero-o no cu, me perdoa!
[H.] — Ó mulher, não farei tal pecado,
pois este é um alimento de prelado,
4 que o gosto perdeu para sempre.

[M.] — Vem, põe-no aqui! [H.] — Não o farei. [M.]
[— Sim, farás.
[H.] — Por quê? não se usa mais do outro lado,
isto é, na cona? [M.] — Sim, mas é mais agradável
8 o pau atrás do que na frente, muito mais.

[H.] — Por vós quero deixar-me aconselhar:
o pau é vosso e, se tanto vos agrada,
11 como pau o deveis comandar.

[M.] — Aceito-o, meu bem: enfia-o de canto,
mais para lá, mais embaixo, sem cuspir!
14 Ó pau, bom companheiro, ó santo pau!

[H.] — Tomai-o inteiro!
[M.] — Tenho-o todo dentro, de muito bom grado,
17 mas todo um ano aqui gostaria de sentar.

POSIÇÃO 11

O surgimento de uma nova figura, a da alcoviteira olhando furtivamente pela janela, faz a cena variar. Sua presença confirma que estas mulheres são cortesãs.

APri le coscie, accio ch'io ueggia bene
Il tuo bel culo, e ia tua potta in uiso,
Culo da compire un pare un paradiso,
Potta, ch'i cori stilla per le rene;
Mentre, ch'io uagheggio, egli mi uiene
Capriccio di basciarui a l'improuiso,
E mi par esser piu bel, che Narciso
Nel specchio, che'l mio cazzo allegro tiene;
Ahi ribalda, ahi ribaldo, in terra, & in letto
Io ti ueggio puttana, e t'apparecchia
Ch'io ti rompa due costole del petto;
Io te n'incaco franciosata uecchia,
Che per questo piacer plusquamperfetto
Entrarei in un pozzo senza secchia,
E non si troua pecchia
Ghiotta d'i fior com'io, d'un nobil cazzo,
E no'i prouo ancho, e per mirarlo sguazzo;

Sonetto XI

[U.] — Apri le coscie, acciò ch'io veggia bene
il tuo bel culo e la tua potta in viso,
cul da compir che pare un paradiso,
4 potta ch'i cori stilla per le rene.

Mentre ch'io vagheggio, egli mi viene
capriccio di basciarvi a l'improviso,
e mi par esser più bel che Narciso
8 nel specchio che 'l mio cazzo allegro tiene.

[V.] — Ahi ribalda, ahi ribaldo! in terra e in letto
io ti veggio, puttana! e t'apparecchia
11 ch'io ti rompa due costole del petto.

[D.] — Io te n'incaco, franciosata vecchia,
che per questo piacer plusquamperfetto
14 entrarei in un pozzo senza secchia.

E' non si trova pecchia
ghiotta d'i fior com'io d'un nobil cazzo,
17 e nol provo anco, e per mirarlo sguazzo.

Soneto XI

[H.] — Abre as coxas para que eu veja bem
teu belo cu e tua cona de frente,
cu perfeito que parece um paraíso,
4 cona que destila o coração pelas veias.

Enquanto vagueio, eis que me vem
vontade de te beijar de repente,
e sinto-me mais belo que Narciso
8 no espelho que meu pau alegre segura.

[V.] — Aí velhaca, aí velhaco! no chão e na cama
vejo-te, puta! e prepara-te
11 para que eu te quebre duas costelas do peito.

[M.] — Eu te enrabo, velha sifilítica,
e por este prazer mais-que-perfeito
14 entraria num poço sem balde.

E não há abelha
ávida de flores como eu de um nobre pau,
17 e ainda não o provei, e ao vê-lo gozo.

POSIÇÃO 12

Esta é a posição conhecida como "a rã", segundo a lista de posições do diálogo *Madalena e Júlia.* De Waldeck acrescentou uma armadura impressionante, para que o espectador não tenha qualquer dúvida de que se trata de uma representação de Marte.

MArte malateſtiſſimo poltrone
Coſi ſotto una donna non ſi reca:
E non ſi fotte Venere a la ceca
Con aſsai furia, e poca diſcretione,
Io non ſ. n Marte, io ſon Hercol Rangone,
E fotto uoi, che ſete Angela Greca,
E s'io haueſſi qui la mia ribeca,
Vi ſuonerei fotendo una canzone;
E uoi ſignora mia dolce conſorte
Su la potta ballar fareſte il cazzo
Menando il culo, & in ſu ſpingendo forte,
Signor ſi, che con uoi fottendo ſguazzo,
Ma temo Amor, che non mi dia la morte;
Con le uoſtr: armi, e ſndo putto e pàzzo;
Cupido e mio ragazzo,
E uoſtro figlio, e guarda l'a: me mia
Per ſacrarle a la Dea poltronaria,

Sonetto XII

[D.] — Marte, malatestissimo poltrone,
così sotto una donna non si reca,
e non si fotte Venere a la ceca,
4 con assai furia e poca discrezione.

[U.] — Io non son Marte, io son Ercol Rangone,
e fotto voi che sete Angela Greca,
e s'io avessi qui la mia ribeca
8 vi suonerei fotendo una canzone;

e voi signora, mia dolce consorte,
su la potta ballar fareste il cazzo,
11 menando il culo e in su spingendo forte.

[D.] — Signor sì, che con voi fottendo sguazzo,
ma temo Amor che non mi dia la morte
14 con le vostre armi, essendo putto e pazzo.

[U.] — Cupido è mio ragazzo
e vostro figlio, e guarda l'arme mia
17 per sacrarle a la dea Poltronaria.

Soneto XII

[M.] — Marte, malatestíssimo[10] poltrão,
assim sobre uma mulher não se monta,
e não se fode Vênus às cegas,
4 com tanta fúria e pouca discrição.

[H.] — Não sou Marte, sou Ercol Rangone[11],
e fodo convosco, que sois Angela Greca[12],
e se tivesse aqui minha rabeca[13]
8 fodendo vos cantaria uma canção;

e vós, senhora, minha doce consorte,
na cona faríeis dançar o pau,
11 movendo o cu e empurrando forte.

[M.] — Sim, Senhor, fodendo convosco me [encharco,
mas temo que Amor me leve à morte
14 com vossas armas, sendo menino e louco.

[H.] — Cupido é meu criado
e vosso filho, e guarda minhas armas
17 para consagrá-las à deusa Poltronaria.

POSIÇÃO 13

Observe-se a arca no chão, que voltaremos a encontrar no soneto XVI, em que a mulher se queixa de que o companheiro fez sua cabeça pender para cima dela.

Dammi la lingua, e apponta i piedi al muro,
Stringe le coscie, e tienmi stretto stretto,
Lasciateu'ir ariuerso su'l letto
Che d'altro che di fotter, non mi curo;
Ahi traditor tu hai, che cazzo duro,
O come su la potta ci confetto,
Vn di tormelo in culo ti prometto,
E di farlo uscir netto t'assicuro;
Io ui ringratio cara lorenzina
Mi sforzero seruirui, ma spingete
Spingete, come fa la ciabattina
Io farò adesso, e uoi quando sarete?
Adessò, dammi tutta la lenguina,
Ch'io moro, e io, e uoi cagion ne sete,
Adunq; compirete?
Adesso, adesso faccio signor mio,
Adesso hò fatto, e io, Ahime, ò Dio,

Sonetto XIII

[U.] — Dammi la lingua e apponta i piedi al muro,
stringe le coscie e tiemmi stretto stretto,
lasciatev'ir a riverso sul letto,
4 che d'altro che di fotter non mi curo.

[D.] — Ahi, traditor, tu hai che cazzo duro!
Oh come su la potta ci confetto!
Un dì tormelo in culo ti prometto,
8 e di farlo uscir netto t'assicuro.

[U.] — Io vi ringrazio, cara Lorenzina.
Mi sforzerò servirvi, ma spingete,
11 spingete come fa la Ciabattina.

[D.] — Io farò adesso, e voi quando farete?
[U.] — Adesso, dammi tutta la lenguina,
14 ch'io moro. [D.] — E io... [U.] — E voi cagion ne sete.

Adunque compirete?
[D.] — Adesso, adesso faccio, signor mio...
17 adesso ho fatto. [U.] — E io... [D.] — Ahímè.
[U.] — O Dio!

Soneto XIII

[H.] — Dá-me a língua e apóia os pés na parede,
fecha as coxas e estreita-me com força,
abandona-te de través no leito,
4 que não me preocupo senão em foder.

[M.] — Ai, traidor, tens o pau duro!
Oh, como na cona já me confeito!
Um dia prometo aceitá-lo no cu
8 e fazê-lo sair limpo, garanto.

[H.] — Agradeço-vos, cara Lorenzina[14].
Esforçar-me-ei para vos servir, mas impeli,
11 impeli como faz a Ciabattina[15].

[M.] — Fá-lo-ei agora, e vós, quando o fareis?
[H.] — Agora, dá-me toda a lingüinha,
14 que eu morro. [M.] — E eu... [H.] — E vós sois a
[razão.

Então acabareis?
[M.] — Agora, acabo agora, senhor meu...
17 agora acabei. [H.] — E eu... [M.] — Ai de mim.
[H.] — Oh Deus!

POSIÇÃO 14

Esta posição é uma experiência deliberada sobre a dificuldade de determinadas posições. Deve-se observar que apenas em duas xilogravuras aparece uma terceira pessoa na cena.

NOn tirar fututelo di Cupido
La carriola, firmati bismulo
Ch'io uó fotter in potta, e non in culo
Costei, che mi to'l cazzo, e me ne rido;
E ne le braccia, e ne le gambe mi fido,
E si disconcio sto, e non t'adulo,
Che ci morrebbe a starci un'hora un mulo,
E però tanto co'l cul soffio e grido;
E se uoi Beatrice stentar faccio
Perdonar mi douete, perch'io mostro
Che fottendo a dissaggio mi disfaccio,
E se non, ch'io mi specchio nel cul uostro
Stando sospeso in l'uno e'nl'altro braccio
Mai non si fuirebbe il fatto nostro,
O, cul di latte, e d'ostro
Se non ch'io son per mirarti di uena,
Non mi starebbe il cazzo dritto à pena;

Sonetto XIV

Non tirar, futtutello di Cupido,
la carriola; firmati, bismulo!
ch'io vo fotter in potta e non in culo
costei che mi to' 'l cazzo, e me ne rido.

E ne le braccia e 'n le gambe mi fido,
e sì disconcio sto e non t'adulo,
che ci morrebbe a starci un'ora un mulo,
e però tanto col cul soffio e grido.

E se voi, Beatrice, stentar faccio,
perdonar mi dovete, perch'io mostro
che fottendo a dissaggio mi disfaccio.

E se non ch'io mi specchio nel cul vostro,
stando sospeso in l'uno e 'n l'altro braccio,
mai non si finirebbe il fatto nostro.

O cul di latte e d'ostro,
se non ch'io son per mirarti di vena,
non mi starebbe il cazzo dritto a pena.

Soneto XIV

Não puxes, Cupido fodido,
a carriola; pára, duplo mulo!
que vou foder na cona e não no cu
4 desta que me toma o pau, e eu me rio.

E nos braços e nas pernas me apóio,
e estou tão incômodo que não te adulo,
ao ficar assim morreria em uma hora um mulo,
8 e no entanto com o cu ofego e grito.

E se a vós, Beatrice[16], faço esperar,
deveis perdoar-me, pois mostro
11 que fodendo com incômodo me desfaço.

E se não tivesse em vosso cu meu espelho,
estando suspenso num braço e no outro,
14 nunca terminaria nosso feito.

Ó cu de leite e púrpura,
se o olhar-te não me desse disposição,
17 não estaria meu pau nem mesmo ereto.

POSIÇÃO 15

Esta é uma das duas reconstruções em que De Waldeck comete um equívoco. Na xilogravura do século XVI, o homem carrega a mulher nos braços enquanto copula com ela. Também aparece uma paisagem sugestiva.

MIri ciaſcuno à cui chiauando duole
L'eſſer ſturbato da ſi dolce impreſa
Coſtui, ch'a ſimil termin non peſa
Portarla uia fottendo ouunque uuole
E ſenza gir cercando ne le ſchole
Per ſaper uerbi gratia à la diſteſa
Far ben quel fatto, impari ſenza ſpeſa
Quà che fotter potrà chiunque ama, e cole;
Vedete come ei l'ha ſu con le braccia
Soſpeſa con le cambe alte a i ſuoi fianchi
E par che per dolcezza ſi disfaccia.
Ne gia ſi turbin, benche ſiano ſtanchi,
Anzi tal giuoco par ch'ad ambi piaccia
Si, che bramin fottendo uenir manchi
E pur ſtan dritti, e franchi
Anſando ſtretti à tal piaceri intenti
E fin che ei durerà ſaran contenti

Sonetto XV

Miri ciascuno a cui, chiavando, duole
l'esser sturbato da sì dolce impresa,
costui ch'a simil termin non pesa
portarla via fottendo ovunque vuole.

E senza gir cercando ne le scole,
per saper verbigratia a la distesa
far ben quel fatto, impari senza spesa
qua, che fotter potrà chiunque ama e cole.

Vedete come ei l'ha su con le braccia
sospesa con le gambe alte ai suoi fianchi,
e par che per dolcezza si disfaccia.

Né già si turbin, benché siano stanchi:
anzi tal giuoco par ch'ad ambi piaccia,
sì che bramin fottendo venir manchi.

E pur stan dritti e franchi,
ansando stretti a tal piacere intenti,
e fin ch'ei durerà saran contenti.

Soneto XV

Veja todo aquele a quem, ao trepar, desagrada
ser perturbado por tão doce empresa,
este a quem a mesma condição não pesa
4 levá-la fodendo por onde queira.

E sem sair procurando nas escolas,
para saber *verbi gratia* em toda a extensão
fazer bem tal feito, aprende sem despesa
8 aqui, que foder poderá quem ama e escoa.

Vede como a segura com os braços
suspensa com as pernas levantadas em seus flancos,
11 parecendo desfazer-se de prazer.

Não se perturbam, embora cansados:
antes tal jogo parece a ambos agradar,
14 de modo que desejam fodendo se exaurir.

Contudo estão eretos e seguros,
ofegando juntos entregues a tal prazer,
17 e enquanto durar estarão contentes.

POSIÇÃO 16

Esta cena não foi reconstituída por De Waldeck. Trata-se da única combinação xilogravura/poema que não parece bem ajustada, a menos que consideremos que a imagem mostra a última fase de uma cena amorosa em três atos: os amantes na cama, a mulher com a cabeça sobre a arca e os amantes novamente incorporados. É o único soneto da série que não voltara a ser publicado desde o século XVI.

TV pur à gambe in collo in cul me l'hai
Ficcato questo cazzo, urta fraccasse
Del letto mi ritruouo in su la cassa.
O che piacer è questo che me dai,
Ritornami su'l letto, che mi fai
Crepar qui sotto, con la testa bassa
Dolor de figli, merda questo passa
Amor crudel, à che redutto me hai.
Che pensi tu di far? quel, che ti piace,
Dammi la lingua un poco, anima mia:
Assai dimanda, chi ben seru'e tace,
La potta alquanto di piacer uorria;
So non tra lei, e il cul non sia mai pace;
Spinge compar che'l cazzo sen'uà uta.
Certo morta saria
Se staua un poco piu hauer ristoro
Da te mio ben, mio cor, e mio thesoro.

Sonetto XVI

[D.] — Tu pur a gambe in collo in cul me l'hai
ficcato questo cazzo: urta, fraccassa!
del letto mi ritruovo in su la cassa.
4 [U.] — Oh, che piacer è questo che me dai!

[D.] — Ritornami sul letto, ché mi fai
crepar qui sotto con la testa bassa.
Dolor de' figli, merda, questo passa.
8 Amor crudel, a che redutto me hai!

[U.] — Che pensi tu di far? [D.] — Quel che ti
[piace.
[U.] — Dammi la lingua un poco, anima mia:
11 assai dimanda chi ben serv'e tace.

[D.] — La potta alquanto di piacer vorria,
se non tra lei e il cul non fia mai pace.
14 Spinge, compar, ché 'l cazzo sen va via!

Certo morta saria,
se stava un poco più aver ristoro
17 da te, mio ben, mio cor e mio tesoro.

Soneto XVI

[M.] — Tu, com pernas no pescoço, no cu
fincaste-me este pau: empurra, destroça!
Da cama na arca fui parar.
4 [H.] — Oh, que prazer é esse que me dás!

[M.] — Leva-me de volta à cama, pois me farás
morrer aqui embaixo com a cabeça assim caída.
Dor de filhos, merda, isso passa!
8 Amor cruel, a que me reduziste!

[H.] — O que pensas fazer? [M.] — O que te
[agradar.
[H.] — Dá-me a língua um pouco, alma minha:
11 muito pede quem bem serve e cala.

[M.] — A cona desejaria o mesmo prazer,
senão entre ela e o cu não haverá paz.
14 Impele, compadre, que o pau está saindo!

Decerto morta estaria,
se custasse um pouco mais a ter alívio
17 em ti, meu bem, meu coração, meu tesouro.

VEdute hauete le reliquie tutte
De' cazzi horrendi in le potte stupende,
Se haueste uisto far quelle facende
Allegramente à queste belle putte.
E di dietro, e dinnanzi dar le frutte,
E ne le bocche le lingue à uicende
E son cose da farne le legende,
Si come di Morgante e di Margutte.
E sò ch'un gran piacer hauete hauuto
A ueder dar in potta, e'n cul da stretta.
In un modo che piu non s'è fottuto,
E come spesso nel naso si getta
L'odor del pepe, e quel de lo sternuto,
Che fanno stranutar con molta fretta
Cosi ne la racchetta
Del fotter, l'odor corrotti sete
E toccatela con man se no'l credete.

Questi uostri sonetti fatti à cazzi
Sergenti de li culi, e de le potte,
E che son fatti à culi à cazzi à potte,
S'assomigliano à uoi uisi de cazzi;
Al men portaste lance al uolto à i cazzi
Oue ascondesti in culi, e ne le potte
Poeti fatti à culi, à cazzi, à potte,
Che se'l fauor ui manca, ò noui cazzi
Retornarete ad esser lica potte
Com'il più de le uolte sono i cazzi.
Qui finirò, il suggetto de le potte,
Per non esser nel numer di uoi cazzi
E lasciarouui i cazzi in culi ò in potte;

Epilogo

Vedute avreste le reliquie tutte
de' cazzi orrendi in le potte stupende,
se aveste visto far quelle facende
4 allegramente a queste belle putte;

e di dietro e dinanzi dar le frutte
e ne le bocche le lingue a vicende:
e son cose da farne le legende,
8 sì come di Morgante e di Margutte.

E so ch'un gran piacer avete avuto
a veder dar in potta e 'n cul la stretta,
11 in un modo che più non s'è fottuto.

E come spesso nel naso si getta
l'odor del pepe e quel de lo sternuto,
14 che fanno stranutar con molta fretta,

così ne la brachetta,
del fotter 'a' l'odor, corrotti sete:
17 e toccatela con man se no'l credete.

Questi vostri sonetti fatti a cazzi
sergenti de li culi e de le potte,
e che son fatti a culi a cazzi a potte,
4 s'assomigliano a voi, visi de cazzi.

Almen portaste lance al volto ai cazzi
o v'ascondesti in culi e ne le potte,
poeti fatti a culi, a cazzi, a potte,
8 ....

Che se 'l favor vi manca, o novi cazzi,
retornarete ad esser lica-potte,
11 com'il più de le volte sono i cazzi.

Qui finirò il suggetto de le potte,
per non esser nel numer di voi cazzi:
14 e lasciarovvi i cazzi in culi o in potte.
....

Epílogo

Tereis visto todas as relíquias
de paus horrendos em conas estupendas,
se vistes fazer aqueles trabalhos
4 alegremente estas belas putas;

e por trás e pela frente desfrutar
e nas bocas as línguas alternadamente:
e são coisas de constituir lendas,
8 tal como as de Marguta e Morgante[17].

E sei que um grande prazer tivestes
ao ver o aperto na cona e no cu,
11 de um modo que é raro se foder.

E como com freqüência chega ao nariz
o odor da pimenta e o do rapé,
14 que bem depressa fazem espirrar,

do mesmo modo na braguilha,
com o odor de foder, estais alterados:
17 tocai-a com a mão se não acreditais.

Estes vossos sonetos feitos de paus[18],
impressos pelos cus e pelas conas,
e que são feitos a cus, paus e conas,
4 assemelham-se a vós, caras de caralho[19].

Se ao menos levásseis lanças na cara de caralho
ou as escondêsseis nos cus e nas conas,
poetas de cus, de paus, de conas.
8 ....

Se o favor vos falta, ó novos tolos,
voltareis a ser lambe-conas,
11 como freqüentemente são os paus.

Aqui terminarei o assunto das conas,
para não fazer parte de vós, tolos:
14 e vos deixarei os paus nos cus ou nas conas[20].
....

Notas ao Capítulo 1

1. [H.] = homem; [M.] = mulher.

2. Estes dois versos são uma citação quase literal da obra de Aretino *La cortigiana* (A cortesã). Um dos personagens, Flamínio, cobre os cortesãos de injúrias detalhadas, afirmando que quem aspira a ter sucesso na Corte "não haverá de esperar fazer nada a não ser que este ou aquele morra. Se o homem em quem havíeis depositado vossas esperanças se recuperar de uma doença, sofrereis em vossa carne tormentos ainda mais cruéis!" (II, vi).

3. Tal como o frei Mariano, mencionado no soneto VII, o Rosso era um dos bufões mais famosos da Corte do papa Leão X; parece que também era seu barbeiro. Mais tarde, passou a prestar serviços ao cardeal Hipólito de Medici, que, como sabemos, ajudou a conseguir a libertação de Marcantonio depois do episódio de *I modi.* Aretino, Lasca, Tansillo e outros escritores da época referem-se a sua reputação e a suas ações. Nana, personagem da obra de Aretino *Sei giornate* (Seis dias), declara que Roma ficaria viúva sem o Rosso, "que opera milagres com suas brincadeiras".

Em *A cortesã*, o Rosso desempenha um papel importante como o lacaio favorito de um cavalheiro romano, a quem engana para que ele se deite com a mulher de um barbeiro, tomando-a pela dama por quem está apaixonado. Para atingir seus fins, conluia-se com Aluigia, típica alcoviteira inescrupulosa.

Nessa obra, o Rosso também se mostra um consumado glutão:

> *Oh santa taberna, oh milagrosa taberna... oh suave, doce, divina música que surge dos espetos adornados com estorninhos, perdizes e capões...!*

Num certo momento da obra, ele afirma que prefere comer e beber a se deitar com cortesãs: Angela Greca (ver notas 11 e 12) é menos atraente que uma garrafa de vinho grego, e uma perdiz é melhor que Beatrice (ver nota 16). Deitou-se com todas elas, inclusive Matrema-non-vole (Minha-mãe-não-quer) e Lorenzina (ver nota 14). Talvez seu patrão acredite que sejam todas Lauras ideais, mas o Rosso sabe muito bem que elas mijam como as mulheres comuns (cf. soneto XII: "Não sou Marte, sou Ercol Rangone / e fodo convosco, que sois Angela Greca").

O Rosso também é bem ladrão, como vemos num episódio dessa mesma obra, quando faz um pescador acreditar que está com mau-olhado e consegue obter de graça um punhado de enguias.

Quando a cortesã do soneto IV diz a seu amante: "Pensas como o Rosso!", é possível que esteja se referindo a uma determinada passagem de *A cortesã* (versão 1, II, viii) em que o Rosso se gaba de sua intenção de chegar a ser um personagem mais elevado do que o próprio Marforio (ver nota 4). A mulher, então, está dizendo: "Gabas tuas proezas tal como o Rosso, mas, mesmo que fosses o próprio Marforio, eu saberia manipular-te."

4. Marforio era uma das famosas "estátuas falantes" de Roma, interlocutor de Pasquino, o busto mutilado com o qual se identificava Aretino, que freqüentemente o utilizava como seu porta-voz. O colossal Marforio esteve, em outros tempos, situado na frente da igreja San Pietro in Carcere, atrás do Capitólio. Atualmente encontra-se no pátio do Palazzo Nuovo.

5. Trata-se de uma referência à captura de Francisco I da França durante a Batalha de Pavia, em 24 de fevereiro de 1525, quando as tropas imperiais de Carlos V derrotaram os franceses. Aretino, que ficara conhecendo Francisco I em janeiro desse mesmo ano, foi partidário da causa francesa durante os anos seguintes. Algum tempo depois, passou para o lado imperial. Lannoy, vice-rei de Nápoles, vencedor de Pavia, levou o distinto prisioneiro francês para Madri, onde foi firmado um tratado de paz em janeiro de 1526. Em conseqüência desse tratado, Francisco casou-se com Leonor, irmã de Carlos V, e renunciou às suas aspirações na Itália e no ducado de Borgonha — promessa que não cumpriu, conforme nos mostra a História.

6. Mariano Fetti, o bufão mais famoso da Corte romana, nasceu em Florença em 1460 e morreu em Roma em 1531. Começou sua

carreira como barbeiro de Lorenzo de Medici. Leão X, filho de Lorenzo, outorgou-lhe o cargo de Guardião dos Selos da chancelaria pontifical, função lucrativa já desfrutada por Bramante, que passou ao pintor Sebastiano del Piombo com a morte de Mariano. Os jardins de frei Mariano no monte Cavallo de Roma eram famosos.

Seus caprichos eram legendários. Na obra *A cortesã*, Aretino nos conta que na praça do mercado era vendido um panfleto com a relação de seus caprichos, como se fosse um romance popular. Em outro local, Aretino descreve o bufão dançando em cima das mesas e fazendo malabarismos com tochas acesas, num jantar oferecido pelo Papa. O embaixador do duque de Ferrara relata, numa carta enviada a seu patrão em 1519, que numa tela pintada por Rafael para a apresentação oficial de uma obra de Ariosto, no Vaticano, frei Mariano aparece brincando com demônios; embaixo, há uma inscrição que diz: "Estes são os caprichos de frei Mariano."

Como muitos outros parasitas que cercavam Leão X, esse bufão era famoso por sua glutonaria. Sabia-se que era capaz de devorar um filhote de pombo de um só bocado e de comer vinte capões e quatrocentos ovos numa sentada. Acredita-se que tenha sido o inventor das salsichas de peru real; adorava todas as aves de caça. O pescador a quem o Rosso engana para tirar-lhe as enguias, na obra de Aretino, diz que uma parte do produto de sua pesca já foi adquirida naquele mesmo dia pelo mordomo de frei Mariano, "com o propósito de serem servidos na refeição a Moro, Brandino, Proto, Troja e a todos os outros glutões da Corte".

Aretino também menciona nesse contexto outro monge-bufão, famoso por seu gosto em comer barretes. Guillaume Apollinaire, em sua edição dos *Sonetos luxuriosos* (em *Les plus belles pages de l'Arétin*, Paris, 1912), comenta que o poeta moderno francês André Salmon era capaz de proezas semelhantes.

Leão X escreveu um epitáfio para frei Mariano quando ele ainda estava vivo, mas Mariano sobreviveu ao Papa. Diz-se que, ao encontrar o Papa sozinho em seu leito de agonia, sem ter recebido os sacramentos, Mariano exclamou: "Santo Padre, lembrai-vos de Deus!"

7. Veja-se a defesa da sodomia como a "maneira dos cavalheiros" de fazer amor nas pp. 182-186, e uma referência análoga no soneto VIII, verso 16.

8. A malvasia isabelina era um vinho de Chipre, muito apreciado na Itália, no Renascimento.

9. Veja-se o soneto VII, verso 10, e nota 7, acima.

10. Este adjetivo estranho, que poderia ser corrigido para "*mal assestissimo*" (mal arranjado), mas que preferi interpretar dessa forma, refere-se provavelmente a um personagem real, Malatesta de

Medici, um soldado que, ao que parece, se desonrou de tal maneira no combate, que seu nome tornou-se, para Aretino, sinônimo de covardia. De fato, numa carta dirigida a *messer* Meo Franci de Lucca, em 3 de dezembro de 1540, o escritor relata:

> Estimo a arte de Meo Franci como fabricante de vinhos muito superior às artes militares de Malatesta de Medici. O fato de não terdes par em vossa indústria enterra viva a mediocridade que ele ostenta em sua própria profissão.

Numa carta dirigida ao duque de Gonzaga, Aretino observa sardonicamente que alguns dos pentes de ébano que envia ao duque são, sem dúvida, os que Marte utilizava: o "horroroso" Malatesta de Medici os teria arrebatado ao próprio deus.

Malatesta é mencionado uma terceira vez num soneto satírico em que Aretino ataca Ercol Rangone tanto por sua covardia como por seu casamento com a cortesã Angela Greca (ver nota 12); Aretino chama-o, em tom de zombaria, de "esse soldado à maneira de Malatesta".

11. Ercol Rangone, pertencente a uma família nobre e importante de Modena, correspondia-se com Aretino. Era primo do famoso Ludovico Rangone e, como ele, abraçou a carreira militar, chegando a ser *condottiere* a serviço dos duques de Ferrara. Quando em 1529 (vários anos depois dos *Sonetos luxuriosos*) os florentinos recrutaram para suas fileiras Hércules d'Este, filho de Alfonso d'Este, para que os defendesse contra as forças conjuntas de Clemente VII e Carlos V, Ercol Rangone foi enviado à Toscana na qualidade de lugar-tenente de Hércules d'Este.

Em 1548 acompanhou Ana d'Este à França para celebrar seu casamento com o duque de Guise, e de 1549 a 1552 foi embaixador dos Este na Corte imperial. Morreu em Modena em 27 de maio de 1572.

Ercol Rangone escreveu poesia em latim e em italiano e realizou uma versão em prosa dos salmos penitenciais. Ao que parece, também tinha alguns conhecimentos de música (ver nota 13).

Aretino censura-o com muito rigor num soneto satírico (ver Francesco Trucchi, *Poesie inedite di dugento autori*, Prato, 1847, III, p. 212), em que ridiculariza seu casamento com a cortesã Angela Greca. Também aqui o acusa de covardia, perguntando-lhe com sarcasmo:

> *Ousaste aspirar, pilantra,*
> *a ser lugar-tenente do signor Giovanni?*

O *signor Giovanni* é Giovanni de Medici, conhecido pelo nome de Giovanni delle Bande Nere (João das Bandas Negras) e grande amigo de Aretino, que o idealizava política e pessoalmente. Morreu tragicamente no final de 1526. Como revela Aretino, numa carta comovente depois de sua morte, Giovanni era o autêntico "Marte" do poeta.

Marte despojado de sua armadura e debilitado pelo poder de Vênus era um lugar-comum da cultura renascentista e um tema freqüentemente representado na pintura. Numa carta de 6 de julho de 1539, dirigida a Gerolama Fontanella, Aretino lembra João das Bandas Negras enamorado em Reggio:

> Se Hércules tivesse feito ali uma pausa para descansar de suas viagens, teria fiado lã, forneado pão, lavado pratos e virado os assados. Esse é o lugar em que Marte de Medici deixou sua couraça, sua espada, onde se oxidam suas esporas...

Esse temor da perda de virilidade das figuras heróicas é um tema recorrente em Aretino.

12. Na época em que se criou *I modi*, Angela Greca morava perto da Via dell'Orso, lugar excelente para uma cortesã romana daquele tempo. Beatrice (ver nota 16), Lorenzina (ver nota 14) e Matrema-non-vole eram suas vizinhas. Embora ainda fosse bastante jovem ao chegar a Roma pela primeira vez, já tinha um passado considerável. O alcoviteiro Zoppino assim se refere a seu início:

> Angela Greca chegou a Roma na época de Leão. Fora roubada por alcoviteiros em Lanciano. Trouxeram-na, cheia de doenças, a uma taberna em Campo dei Fiori. Depois disso, um tal De Alborensis, espanhol, encarregou-se dela e instalou-a numa casa em Calabraga [a rua de Baixa-as-calças]. Como era uma mulher bonita e leal, alguém da casa do Papa apaixonou-se por ela e apresentou-a à sociedade.

Pelo que Nana diz em *I raggionamenti* (As argumentações), de Aretino, a principal habilidade de Angela consistia em provocar ciúme entre seus ricos amantes; mas, ao que parece, também participava da vida cultural. O poeta chamado "il Copetta" dedicou-lhe versos românticos (e outros ferozmente satíricos quando ela o abandonou). Angela assumiu o nome nobre e clássico de Hortênsia. É possível que Brantôme a tenha visitado em Roma, em 1555. Em seu relato, conta que uma cortesã grega que lá conheceu foi mantida por um importante cavalheiro francês durante algum tempo, depois do Saque de Roma (1527). Um soneto satírico de Aretino (ver nota 11) sugere que Angela se casou com o nobre Ercol Rangone, vangloriando-se depois de seu sucesso, que só poucas cortesãs conseguiam.

Em 1536, Angela tomou o hábito na igreja romana de Trinità dei Monti, na presença da austera Vittoria Colonna. Teria saído do convento e voltado à vida secular antes da época em que o francês, cronista dos costumes sexuais, foi apresentar-lhe seus respeitos enquanto relíquia de tempos passados, mais inclinados aos prazeres do amor?

A propósito, é o próprio Brantôme que, em outro local de sua obra *Dames galantes*, relata como naquele tempo — ou seja, meados do século XVI — na França vendiam-se às centenas os exemplares "do Aretino" (refere-se a uma adaptação de *I modi*).

13. A rabeca (*ribeca*) é um instrumento simples de cordas. Aretino a menciona em sua obra em várias ocasiões, em oposição às harpas, alaúdes e outros instrumentos elegantes associados às "cortesãs honradas" e ao ambiente da Corte em geral. (Na época, Eros e a música estavam intimamente unidos.) Aqui, Aretino pretende simplesmente dar a entender que a música rústica (que não deixa de ter propriedades mágicas — cf. as flautas de Pã etc.) é mais adequada a Angela Greca do que os instrumentos que normalmente as cortesãs e seus amantes tocavam.

O próprio Aretino adota pelo menos uma vez esse disfarce, identificando-se com a rabeca em um episódio de *A cortesã* em que o mestre Andrea diz a *messer* Maco que a arte de Pasquino é ser um poeta *di porco in la ribeca* (um poeta imundo que toca rabeca). Anton Francesco Doni, numa caprichosa carta de amor dirigida à cortesã "Delicata", imagina um Apolo cômico que desce à Terra e vai deixando atrás de si a imagem da personificação do prazer graças à sua habilidade ao tocar a rabeca.

A rabeca parece ser o intrumento da sátira, mas também uma espécie de mimese da "música do corpo" (ver nota 19 ao Cap. 3, com respeito às idéias de Aretino sobre os ruídos do ato amoroso, tão diferentes daqueles produzidos pelo alaúde). A idéia de que uma canção, um poema ou uma obra dramática podem por si sós levar a cabo o ato da cópula aparece numa carta dirigida à cortesã "la Zufolina", no Livro VI das *Lettere* (Cartas) de Aretino.

Ercol Rangone deve ter sido um músico exímio, pois Aretino o elogia nesse sentido anos mais tarde, numa carta datada de outubro de 1545.

14. Lorenzina, outra cortesã famosa, é considerada de duas formas radicalmente distintas no diálogo anônimo *Il Zoppino*. Ludovico, que idealiza as cortesãs, observa que, "sempre que Lorenzina aparece em público, todo o mundo se apressa em aproximar-se para admirá-la. Se está na igreja, dobram os joelhos à sua passagem ou deixam de ouvir a missa e correm para contemplá-la". Graças a cortesãs como ela, as igrejas se enchem de fiéis: "Onde quer que Lorenzina vá, sempre a acompanham dois cavalheiros, seguidos de outros dez, e mais vinte a aguardam do lado de fora." (Beatrice Fer-

rara chega com bispos, abades e poetas, enquanto Angela Greca leva consigo condes e senhores.)

Mas, em outra parte da obra, o interlocutor de Ludovico, Zoppino, empenha-se em derrubar o mito das qualidades e das origens de Lorenzina:

> Lorenzina, a filha do padeiro, provém de uma linhagem sem distinção. Eu sempre a via descalça, levando na cabeça um tacho de maçãs assadas. Às vezes sua mãe e ela trabalhavam atendendo numa banca do mercado, outras vezes dançando nas tabernas e realizando proezas, como saltar por um aro. Moravam num casebre em San Simone (ruela que dá na Via dei Coronari) e, ao saírem de lá, mudaram-se para um lugar bem pior. Lorenzina estava sempre cheia de crostas e vestida com farrapos imundos; mas, como tinha um temperamento agradável, entabulava conversa com este ou aquele homem e, em conseqüência disso, sofreu uma série de *trentuni* (estupro conjunto, realizado por trinta e um homens), em um dos quais também participei. Acabou cultivando uma certa reputação por não se queixar demais. Mas posso garantir-lhes que não foi numa padaria que aprendeu seus modos elegantes.

15. Ver Cap. 3, pp. 142, 143 e 145.

16. Por volta de 1515, Beatrice de Bonis de Ferrara morava em Florença, com Camilla de Pisa (personagem de bastidores na obra de Aretino *A cortesã*) e outras cortesãs conhecidas, numa casa em Pío, fora da porta San Gallo, que, ao que parece, era decorada com afrescos do pintor maneirista Rosso Fiorentino. Lorenzo de Medici, Filippo Strozzi e outros distintos nobres florentinos financiavam a empresa e lá passavam muitas noitadas de prazer cultivado, como prova a compilação das cartas dessas mulheres (ver nota 18 ao Cap. 3). Uma carta notável, escrita por Beatrice em 1517 a Lorenzo de Medici, ferido na campanha de Urbino, contém um relato de como essa cortesã esteve prestes a se converter a uma vida virtuosa, depois de ouvir um sermão convincente em San Agostino de Roma; mas Beatrice acrescenta ironicamente, no final da carta, que espera que Lorenzo logo esteja suficientemente forte para voltar a fazer amor com ela.

Beatrice vivia em Roma, com suas companheiras Angela Greca, Lorenzina e Matrema-non-vole, na zona elegante próxima à Osteria dell'Orso. Os poemas *Il vanto* (A jactância) e *Il lamento della cortigiana ferrarese* (O lamento da cortesã de Ferrara), quer se refiram quer não a Beatrice, oferecem-nos uma visão a se levar em conta da maneira como viviam na época as cortesãs romanas de elite, como ela. Nestes se descreve, com todas as minúcias, como eram as encantadoras cortesãs, suas casas elegantes e os móveis luxuosos, os jantares fartos com convidados, suas carruagens suntuosas e assim por diante. Sua queda em desgraça (embora seja possível que se trate apenas de invenção literária) é relatada também detalhadamente na palinódia, em que vemos como ela se torna uma puta vulgar, empenha seus bens, é presa, atua como alcoviteira, trabalha como lavadeira e cozinheira, refugia-se num bordel e, finalmente, reaparece doente de sífilis no Hospital dos Incuráveis.

17. *Il Morgante*, escrito por Luigi Pulci (1432-1484) e publicado em 1483, é um poema em oitava rima que recupera elementos da literatura cavaleirosa. O personagem principal é Morgante, um bondoso gigante que estima com devoção seu patrão, Orlando, seguindo-o de um lugar a outro, enquanto este luta contra os sarracenos. Marguta, outro personagem do poema, é um anão que começou a se transformar em gigante e depois resolveu não fazê-lo. Famoso por sua glutonaria, morreu de rir com demasiada força.

18. A crueza desses dois sonetos (conforme já assinalei, faltam o verso 8 e a coda do segundo) convenceu-me da impossibilidade de que sejam obra de Aretino. Além do mais, os dois, principalmente o segundo, de qualidade inferior, parecem ridicularizar toda a série de sonetos, sem no entanto apresentar a vigorosa alegria cheia de sensualidade que é característica essencial deles.

O significado literal dos versos 15-16/1 refere-se, provavelmente, ao fato de aquelas imagens e poemas terem produzido um "aumento de volume" nos espectadores masculinos, o que o autor dessas linhas considera ridículo. Na realidade, um efeito tão mecânico seria uma redução absurda da lascívia que Aretino prometia provocar na mente do duque de Gonzaga, ao conseguir para ele uma estátua de Sansovino representando a Vênus desnuda (ver p. 165).

19. É evidente que o autor destes versos — e não há por que ser necessariamente a mesma pessoa que escreveu o soneto anterior — acusa o criador dos *Sonetos luxuriosos* de impotência, um ataque maldoso, muito comum entre poetas rivais naquela época (cf. Aretino tachado de homossexual, nota 22 ao Cap. 3). Ao dizer que os sonetos com cara de *cazzi* (que também significa tolo) são o vivo retrato de seu criador, o autor do segundo soneto do Epílogo acusa Aretino de impotência poética. Os versos 5 e 6 são ainda mais taxativos, assim como o verso 9, que nos lembra o quanto eram depreciados no mundo antigo os homens que se especializavam nas técnicas do *cunnilingus*.

Para o verso 4, cf. a expressão, também de uso corrente na época, *testa di cazzo* (cara de caralho). É curioso que realmente haja exemplos disso na arte do Renascimento italiano: por exemplo, um retrato de perfil (composto por dúzias de falos) sobre uma bandeja decorativa, reproduzido em *L'incisione erotica del rinascimento*, ed. Lise, Milão, 1975, p. 6.

Nestes sonetos, que ao que tudo indica foram acrescentados apressadamente a *I modi*, encontramos uma prova clara das rixas literárias, freqüentemente violentas, que ocorriam na época a respeito de Aretino e dos poetas que o cercavam, que eram alternadamente amigos e inimigos uns dos outros. Aretino elabora uma espécie de "poética fálica", influenciado pela tradição priápica da época clássica e pelo antigo conceito da semelhança entre a pena e o pênis.

Com freqüência compôs sua poesia satírica com intenções agressivas; trata-se de fato de uma violação do público (veja-se o prólogo à primeira versão de *A cortesã*, em que essa obra é comparada com um enema de excrementos que fosse injetado no traseiro do público; no primeiro ato, Pasquino, o *alter ego* do autor, é descrito como "aquele que esfolou os traseiros de senhores e monsenhores").

Uma obra literária pode ser, em si mesma, tão agressiva quanto as ferramentas para escrever, e assim Aretino imagina aquela realizando o ato sexual (ver nota 13) para uma referência semelhante nas *Cartas* de Aretino. Num dos *Sonetos luxuriosos* apócrifos, o autor diz: "Empurra, meu amor, para que a seringa [o tubo do enema] de minha bela cona forme um belo poema." Mas o impulso fálico dos poemas de amor é simplesmente vigoroso, e não hostil, ao passo que o próprio ato de escrever e de colocar em circulação esses poemas pode parecer uma ofensa deliberada aos guardiães da moral e um insulto provocador a seus companheiros poetas.

"O pássaro priápico" (ou seja, o pênis) — como diz Lorenzo Venier, discípulo de Aretino —, que também pode ser o enema de *merde* (emblema da sátira), representa a poesia em seu momento mais agressivo, quando tem um caráter defensivo, ameaçador e exorcizante. Aretino, que se identifica ao mesmo tempo com Pasquino e com um outro objeto falante, Priapo, sodomiza a sociedade justamente porque sabe que corre o risco de ser expulso do corpo social.

Assim, imagina a si mesmo cometendo uma transgressão que se assemelha ao castigo que sofrerá por essa própria transgressão; e, de fato, o mundo lhe pagará em espécie. É por essa razão que seus rivais (como nos dois sonetos do Epílogo) sentem-se livres para atacá-lo arremedando seu próprio estilo.

20. Os escritores sérios de pornografia da época teorizaram em mais de uma oportunidade sobre a adequação da palavra à coisa: cf. os seguintes fragmentos de Aretino e seus seguidores.

O autor de *A puta errante* anuncia no Canto II, estrofe 4:

Chamo ao pão pão e ao pênis, pênis,
Para dizer a verdade, mortificar e me divertir.

Esse "credo" aparece de novo no soneto de dedicatória que Aretino junta a este quando o manda de presente ao duque de Mântua. Adverte-o de que não procure nessa obra "violetas petrarquianas"; em vez disso, o poeta chama "ao pão pão e ao pênis, pênis".

A ambição de conseguir um estilo tão antinatural que se digam coisas em vez de palavras é um dos ideais estéticos dos escritos pornográficos de Aretino (embora às vezes produza o efeito de ser pouco natural e literário).

É claro que esse estilo é imposto pela natureza do tema. Na dedicatória "do autor a sua dama", de *Tariffa*, aparece esta passagem:

> Mas, se alguém argumentar que não sou respeitável porque freqüentemente pronuncio as palavras K, P, Q [*cazzo, potta, culo*], dizei-lhe que, sendo esses objetos necessariamente as armas e instrumentos de que se servem as putas, não havia como evitar seu emprego em meu texto. Realmente, teria sido de mau gosto não o fazer.

Cf. também *Il Zoppino*, quando este pede a seu interlocutor que seja tolerante para com a linguagem que é obrigado a utilizar:

> Porque o argumento não é de natureza muito honesta, quero que aproveis o fato de eu me dispor a chamar todas as coisas por seu verdadeiro nome.

O outro homem lhe responde: "Continuai e dizei o que tendes a dizer, meu querido Zoppino, pois tendes licença para pronunciar, sempre que necessário e sem nenhum temor, as palavras 'putas', *cazzo, potta, culo, fottere* e qualquer outra expressão apropriada."

CAPÍTULO 2

AS ILUSTRAÇÕES DO CONDE DE WALDECK

Os primeiros catorze desenhos de De Waldeck correspondem às posições das xilogravuras e aos sonetos da edição de 1527. Este é o correspondente à posição 1.

Este é o desenho correspondente à posição 2. Entre os desenhos de De Waldeck não se encontra nenhum equivalente à posição 3.

Este é o desenho correspondente à posição 4.

Vários elementos deste desenho de De Waldeck são concordantes com dois dos fragmentos do Museu Britânico (pp. 152 e 153) que não aparecem na edição de xilogravuras de 1527, talvez porque se encontrassem na folha que está faltando, em cujo verso aparecia a posição 5.

Como na edição de 1527 falta a folha que tinha no verso a xilogravura e o soneto correspondentes à posição 6, na minha opinião este desenho pode ser emparelhado com um dos *Sonetos luxuriosos* que ilustra uma posição análoga (soneto VI).

Este é o desenho correspondente à posição 7.

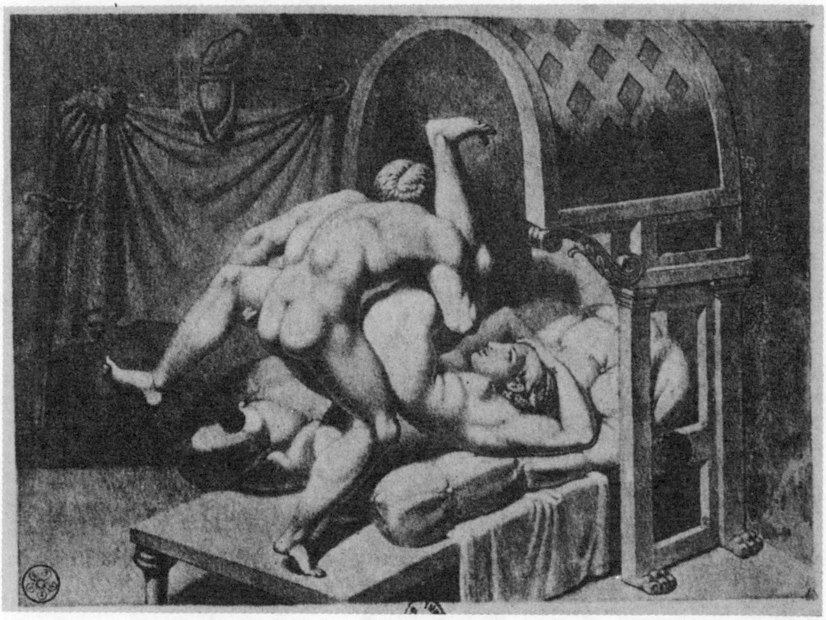

Este é o desenho correspondente à posição 8.

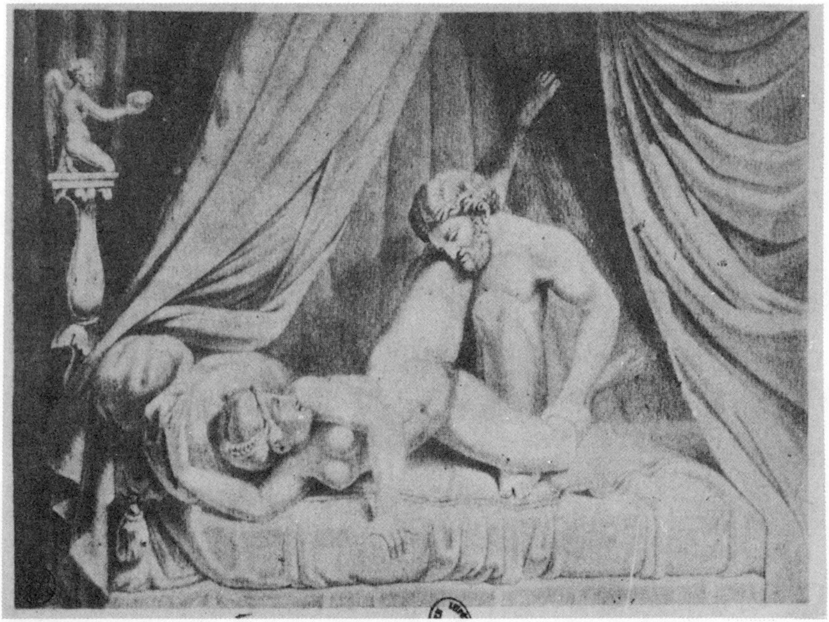

Embora a interpretação de De Waldeck seja equivocada, este seria o desenho correspondente à posição 9.

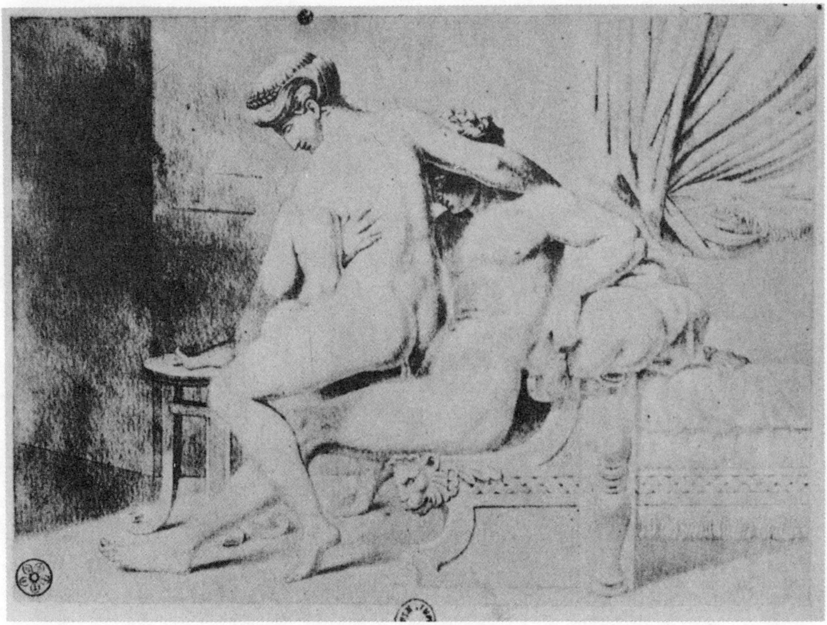

Este é o desenho correspondente à posição 10.

Este é o desenho correspondente à posição 11.

Este é o desenho correspondente à posição 12.

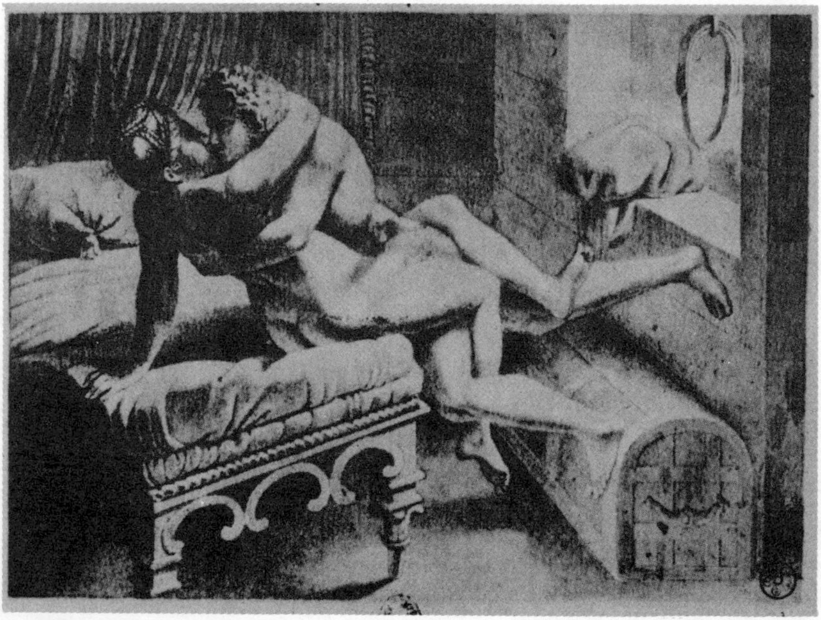

Este é o desenho correspondente à posição 13.

Este é o desenho correspondente à posição 14.

Esta é outra versão equivocada de De Waldeck, correspondente à posição 15. A posição 16 não está representada em seus desenhos.

Posição 5 (numeração de De Waldeck). Este desenho e os cinco que se seguem não podem ser emparelhados com nenhuma das xilogravuras da edição de 1527.

Posição 9 (numeração de De Waldeck). "O carrinho" é a antiga expressão popular pela qual se conhecia esta posição.

Posição 10 (numeração de De Waldeck). De Waldeck empresta esta cena gravada por Agostino Veneziano para reforçar o tema dos "amores dos deuses", que segundo ele aparece de modo recorrente em *I modi.* Outra versão de *Leda e o cisne*, obra de Marcantonio, mostra-os fornicando violentamente.

Posição 16 (numeração de De Waldeck). Esta imagem ambígua poderia representar uma sodomização. Ao reconstruir as gravuras e poemas que faltam, tive a tentação de emparelhá-la com o soneto "Empurra, empurra para fora, empurra para dentro o pau" da compilação de obras de Aretino; o soneto descreve um vigoroso ato deste tipo.

Posição 14. Esta posição, na qual se destaca a beleza das nádegas e das costas da mulher, aparece na lista de Ovídio, em sua *Arte de amar*. A postura é semelhante à da posição 1 da série original (os amantes um ao lado do outro, face a face), e portanto não poderia ser considerada uma variação válida.

Posição 18. Cabe alguma dúvida de que o homem seja Hércules? Estão presentes o leão de Neméia e a maça para nos convencer. O desenho, cuidadosamente construído, com as horizontais e verticais bem marcadas e o delicado detalhe do pé direito da mulher apoiado na panturrilha esquerda de Hércules, não tem a complexidade de formas entrelaçadas das melhores xilogravuras (por exemplo, as posições 7 e 9).

CAPÍTULO 3

SOBRE OS 16 PRAZERES

Cronologia

1524 (antes de outubro). Data provável da produção, impressão e colocação em circulação das gravuras mais tarde chamadas *I modi*. Os primeiros esboços para os desenhos dessas gravuras podem ter sido realizados na Sala de Constantino do Vaticano, em 1523.

1525 (primavera e início do verão). Data provável de composição dos sonetos. Não se conhece a data da segunda edição de *I modi*, em que os sonetos aparecem junto com as gravuras, mas na minha opinião deve ter sido no mesmo ano.

1527 Data provável da edição pirata de *I modi* (xilogravuras e sonetos) reproduzida neste livro. A edição, quase com certeza, foi impressa em Veneza.

1858 Data de um breve texto (*Notizia*), acompanhado de litogravuras, do conde J. F.-Maximilien de

Waldeck, referente a sua reconstrução de *I modi*. Inclui vinte ilustrações a pena e aguada, realizadas como desenhos preparatórios para as litogravuras.

1928 Data em que Walter Toscanini descobriu a edição pirata, que datei como aproximadamente de 1527. Comprou o livro na Itália e levou-o para os Estados Unidos. Com sua morte, o livro passou às mãos de outro colecionador, que prefere permanecer no anonimato.

O que é I modi

Tenho o prazer de chamar sua atenção para um dos livros mais curiosos jamais publicados: uma série de gravuras do século XVI que representam posições do ato amoroso, acompanhada de um conjunto de sonetos que desapareceram de circulação durante exatamente quatrocentos anos. Quando correu a notícia de sua descoberta nas primeiras décadas deste século, *I modi* tornou-se rapidamente a obra de arte mais cobiçada do mundo ocidental. Só algumas pessoas tiveram a possibilidade de vê-la.

Fruto de uma "colaboração" entre três grandes figuras do Renascimento italiano, esse pequeno volume representa a prova mais importante de que dispomos de um episódio histórico escandaloso. Em 1524, Giulio Romano fez alguns desenhos representando dezesseis maneiras de fazer amor — ou "posições", como sempre são chamadas na literatura existente sobre essa obra —, que posteriormente foram gravados por Marcantonio Raimondi. Quando essas gravuras começaram a circular entre as camadas mais altas da sociedade romana, o indignado papa Clemente VII mobilizou-se para fazer com que desaparecessem sem deixar rastro e ordenou que se queimasse a sua primeira edição. O gravador foi preso, a distribuição das gravuras foi proibida e estabeleceu-se a punição de morte para sua reedição.

Apesar desses perigos, surgiu uma segunda edição das gravuras, enriquecida por dezesseis sonetos de extremo vigor, escritos por Pietro Aretino. Seguiram-se imediatamente outras edições piratas, nas quais não constava o local de edição, nem a data, nem o nome do tipógrafo. Todos os exemplares dessas duas primeiras edições e todos os exemplares menos um das imitações subseqüentes publicadas durante o século XVI desapareceram. Diz-se que o último exemplar "autêntico" da edição original foi retirado da Biblioteca Nacional de Dresden no final do século XVIII por ordem governamental e, posteriormente, destruído.

A repressão exercida por indivíduos e instituições ao longo dos séculos foi tão intensa, que não existe nenhum exemplar das primeiras edições além do que apresentamos aqui.

Os artistas que criaram I modi

Giulio Romano (1499-1546), o grande pintor maneirista do Renascimento cujos desenhos são a base de *I modi*, ainda criança foi levado como aprendiz ao ateliê de Rafael. Em vida do mestre, Giulio colaborou em projetos importantes, como as galerias do Vaticano, a Sala do Incêndio e as decorações da Villa Farnesina, e também na realização de quadros importantes. Consciente de sua herança romana, dedicou-se a estudar intensamente a arte e a arquitetura clássicas. Toda a sua obra reflete essa admiração pela Antiguidade, que também se percebe nos motivos e na disposição formal das cenas de *I modi.*

Quando Rafael morreu, Giulio Romano e outro discípulo herdaram a responsabilidade de terminar os quadros do mestre. Em 1523, Giulio começou a decoração da Sala de Constantino, no Vaticano. Conta-se que, num momento de fúria por Clemente VII estar atrasando seu pagamento, Giulio desenhou as dezesseis posições nas paredes daquele lugar tão inusitado. Quando esses desenhos eróticos, gravados por Marcantonio Raimondi e impressos e distribuídos por Baviera Carocci de Parma, causaram tal furor que já não havia dúvida de que a ira do Papa cairia sobre as cabeças dos artistas, Giulio escapou para Mântua, onde o requisitava impacientemente o duque Federico de Gonzaga.

Em Mântua, onde vivia à larga enquanto trabalhava na reestruturação e nova decoração de importantes monumentos da cidade, Giulio sentia-se livre para pintar ciclos de cenas lascivas, entre as quais se destacam os afrescos da Sala de Cupido e Psique no palácio do Chá.

Depois da morte do duque, em 1540, Giulio foi para Bolonha. No momento em que se dispunha a voltar para Roma, ao obter o perdão do papa Paulo III, foi fatalmente atingido pela doença.

Enquanto Giulio Romano começava a se ocupar de suas primeiras obrigações em Mântua, Marcantonio Raimondi, o melhor gravador do Renascimento italiano, que havia passado as dezesseis posições de Giulio para placas de cobre a fim de serem impressas, definhava nas masmorras do Vaticano. Ao que parece, nada menos do que Hipólito de Medici (que alguns anos mais tarde se tornaria cardeal) interveio para ajudar Pietro Aretino a obter a liberação de Marcantonio.

Marcantonio, que já era gravador mesmo em sua época de aprendizado em Bolonha, no ateliê do ourives Francesco Francia, ficou intensamente impressionado quando, numa visita a Veneza em 1506, viu uma série de gravuras de Albrecht Dürer sobre a vida de Maria. Pouco depois, o governo de Veneza pôs fim às práticas de Marcantonio, que copiava essas gravuras para vendê-las como criações próprias. A influência de Michelangelo também é evidente na obra de Marcantonio

PRANCHA A. Rafael, *Heliodoro expulso do templo* (1511-1514), afresco da Sala da Assinatura no Vaticano, Roma. O detalhe mostra Giulio Romano e Marcantonio Raimondi, os dois artistas autores das gravuras de *I modi*; o mais afastado do espectador é Marcantonio Raimondi.

(vejam-se as costas musculosas do amante da posição 9). Profundamente influenciado pelos vestígios da Antiguidade que via por todo lado ao visitar Roma por volta de 1510, Marcantonio continuou incorporando elementos do estilo clássico em suas obras pelo resto de sua vida.

Rafael reconhecia o grande talento de Marcantonio, o que o animou a fazer um desenho atrás do outro para que este os gravasse; justamente, Marcantonio continua sendo conhecido sobretudo por suas numerosas gravuras baseadas nos desenhos de Rafael, tanto aqueles realizados expressamente com esse propósito como muitos outros.

Infelizmente, depois do episódio de *I modi*, esse magnífico gravador não desfrutou por muito tempo sua liberdade recém-recuperada. Ferido durante o Saque de Roma (1527), foi obrigado a pagar um resgate para ser libertado pelas tropas imperiais e morreu pouco depois. Mas as gravuras constituíam apenas a primeira fase de *I modi*.

Pietro Aretino e a gênese dos Sonetti lussuriosi

Em 28 de julho de 1525, Pietro Aretino, o primeiro jornalista e articulista do mundo moderno, além de patrocinador e crítico de arte, foi apunhalado várias vezes, embora não mortalmente, por Achille della Volta, num crime, segundo os rumores, ligado a um caso amoroso no qual estava envolvida a cozinheira da casa do secretário do Papa, Giammatteo Giberti. Era algo altamente improvável, e logo se soube que se tratava na verdade de uma conspiração urdida pelo próprio Giberti. O que teria movido o poderoso personagem, um dos padres da reforma católica, a recorrer a extremos tão tortuosos, com a intenção de ferir um aspirante a escritor da Corte?

Uma trama complexa de antagonismos pessoais e posições políticas parece ter arrastado esses dois personagens ao confronto. Aretino já irritara Giberti ao se tornar uma sumidade da sátira em pasquins, pregando poemas satíricos no pedestal de uma estátua curiosa, que a populaça romana conhecia familiarmente como "mestre Pasquino". Na época existia o costume, cuja prática na verdade se prolongou por séculos, de pregar versos nos quais se criticavam e ridicularizavam as figuras mais proeminentes da Corte papal, inclusive o próprio pontífice, nessa estátua supostamente falante.

Durante o conclave de 1521, do qual saiu eleito o papa Adriano VI (1521-1523), Aretino fez ouvir a estridência de sua voz pela primeira vez, forjando para si uma reputação formidável, mas fazendo-se credor de uma reprimenda alguns anos depois. Durante o breve papado desse personagem severamente moralista, Aretino abandonou temporariamente a Corte romana, indo para Mântua.

A eleição de outro papa Medici, Clemente VII, de quem Aretino era aliado, deu-lhe oportunidade de reaparecer brilhantemente em cena; mas alguns de seus projetos renderam-lhe a inimizade de Giberti, cada vez mais poderoso, que era também censor papal. Aretino aspirava a um cargo mais importante na facção francesa da Corte, encabeçada pelo próprio Giberti; também aspirava a uma maior influência junto ao Papa, para assim entrar em competição direta com Giberti. Além disso, o secretário de Giberti, Francesco Berni, era poeta e um dos mais inflamados rivais literários de Aretino.

Como se as ambições de Aretino não fossem suficientes para alarmar Giberti, havia ainda sua audaciosa independência como escritor. Sua primeira comédia, *La cortigiana* (1525) — "outra obra de ambições frustradas", como escreveu um crítico há não muito tempo[1] —, expunha a corrupção e a dissolução da Corte romana, pondo lenha na fogueira luterana. O desafio de calar a

PRANCHA B. Marcantonio Raimondi, *Retrato de Aretino* (gravura), Biblioteca Nacional de Paris (Eb 5 fol. Réserve). Datado entre 1517-1520 na obra *The Engravings of Marcantonio* (As gravuras de Marcantonio), 1981, de Innis Shoemaker e Elizabeth Broun (nº 46).

boca de Aretino deve ter atraído Giberti, desejoso de consolidar sua prestigiosa posição de reformador.

Talvez nada tivesse acontecido se Aretino não houvesse feito gestões para conseguir a libertação de Marcantonio, acrescentando depois o insulto à injúria ao compor dezesseis sonetos — os chamados *Sonetti lussuriosi* (Sonetos luxuriosos) — para acompanhar as gravuras obscenas, com a determinação de que fossem editados junto com elas. Numa carta eloqüente dirigida a um médico de Brescia, Battista Zatti, Aretino relata como sentiu o impulso repentino de escrever esses poemas quando estava observando os desenhos de Giulio Romano:

> Depois de conseguir do papa Clemente a libertação de Marcantonio de Bolonha, que se encontrava prisioneiro por ter gravado sobre cobre as *Dezesseis posições*, senti o desejo de ver essas figuras que haviam levado Giberti e seus seguidores a clamar que o habilidoso artista que as concebera deveria ser crucificado. Assim que as tive diante dos olhos, senti-me embargado pelo mesmo espírito que impelira Giulio Romano a desenhá-las. E, do mesmo modo que os poetas e escultores antigos e modernos, com o propósito de exercitar suas mentes de maneira agradável, às vezes compunham e lavravam objetos lascivos tais como o sátiro de mármore do palácio Chigi que se esforça para violar uma criança pequena, *deixei cair estes sonetos que podem ser vistos embaixo* [das figuras]. Com todos os respeitos devidos aos hipócritas, dedico-vos estas pequenas obras luxuriosas, a vós que não dais ouvidos aos falsos escrúpulos e estúpidos preconceitos que proíbem aos olhos a contemplação daquelas coisas que mais são agradáveis de se olhar.
>
> Que mal pode haver em observar um homem montando uma mulher? Por acaso serão os animais mais livres do que nós? Deveríamos levar *essa coisa* que a Natureza nos deu pendurada numa corrente em torno dos pescoços ou como uma condecoração em nossos chapéus; pois essa é a fonte da qual brota o rio dos seres

> humanos e a ambrosia da qual o mundo bebe nos dias de regozijo. Essa coisa vos fez, a vós que sois um dos maiores médicos da época. Criou a mim, e eu sou melhor do que o pão. É a origem dos Bembo, dos Molza, dos Varchi, dos Ugolin Martelli, dos Lorenzo Lenzi, dos Dolci, dos Fra Bastiani, dos Sansovini, dos Tiziano e dos Michelangelo, e depois deles dos papas, imperadores e reis. Engendrou rapazes atraentes e mulheres bonitas com seus "santo entre os santos". Teríamos de celebrar tudo isso, estabelecendo dias consagrados e festividades em sua honra, em vez de confiná-lo em um pequeno acessório de tela ou de seda. Não há inconveniente em esconder as mãos dos homens, uma vez que manipulam o dinheiro em jogos de azar, prestam juramento, praticam a usura, fazem gestos obscenos, arrancam, empurram, golpeiam, ferem e matam. E o que dizer da boca que maldiz, cospe na cara, devora e nos embriaga e vomita? Concluindo, os artífices das leis poderiam beneficiar em muito sua reputação se acrescentassem a seus escritos sem valor algum comentário sobre essa coisa. Acredito que é possível que o façam. Enquanto isso, observai minha obra e julgai se meus versos foram capazes de realizar um retrato natural dos amantes em suas posições[2].

Um impulso literário ao mesmo tempo profundo e caprichoso, o desejo de imitar e ser cúmplice do crime de seus bons amigos compondo em verso seus pecados artísticos e um profundo desejo de ofender Giberti e seu círculo parecem ser as causas da realização desta experiência entusiástica por parte de Aretino. Embora seu comportamento, seja nos namoros, seja como "alcoviteiro do papa" (como é qualificado na paródia enormemente exagerada *Vida de Aretino*, atribuída a vários autores, entre eles Niccolò Franco, Francesco Berni e outros rivais do poeta), já tivesse pesado bastante na balança, não há dúvida de que os *Sonetos luxuriosos* marcam um momento delicado na carreira de Aretino, em que o escritor esteve a ponto de perder a reputação e a vida.

Aretino sobreviveu, mas *I modi* foi praticamente arrancado pela raiz.

História das gravuras e dos sonetos

A lenda afirma que tanto as gravuras como as placas de cobre da primeira edição foram destruídas por ordem do próprio Papa. Conforme assinala Giorgio Vasari, que dispensa especial cuidado ao relato desse episódio em seu *Vidas dos melhores arquitetos, pintores e escultores italianos*, as gravuras foram encontradas "em lugares [isto é, em mãos] que jamais se poderiam imaginar". Em outras palavras, a série fez furor imediatamente entre as classes sociais próximas da Corte. Ao que parece, no entanto, foi publicada uma segunda edição que incorporava os sonetos compostos por Aretino para acompanhar as gravuras. Aparentemente, seu destino não foi menos rigoroso.

Estão conservados nove fragmentos das gravuras supostamente originais. Encontravam-se anteriormente na coleção Mariette e estão, agora, no Museu Britânico. Esses fragmentos foram recortados das gravuras originais, de maneira que só restaram as partes mais inócuas: cabeças, bustos, braços e pernas, separados de seu contexto anatômico e erótico. Também se conservam três impressões, provavelmente da placa original da posição 1, em Paris, Viena e Londres. (Duas delas são reproduzidas na prancha D.)

Felizmente, existem mais dados sobre as gravuras perdidas. Em meados da década de 1850, o conde Maximilien de Waldeck, arqueólogo apaixonado e aventureiro romântico, realizou vinte reconstruções de *I modi* a pena e aguada, baseadas em onze decalques, obra do escultor francês François-Antoine Gérard, e em gravuras originais que afirmava ter visto num convento quando se encontrava no México, desenhando as ruínas de Pa-

PRANCHA C. Os fragmentos conservados no Museu Britânico (enquadrados num suporte de 215 mm x 245 mm) são de qualidade consideravelmente desigual e parecem obra de pelo menos três pessoas diferentes. É possível que alguns sejam de Marcantonio. Não há dúvida de que se trata de vestígios de uma das primeiras edições. Os fragmentos apresentam retoques em alguns lugares. Na opinião do conde De Waldeck, os fragmentos 12, 15 e 4 (correspondentes às xilogravuras 9, 2 e 5, esta reconstruída por mim) eram obra de Marcantonio; os fragmentos 3, 11 e 19 (correspondentes às xilogravuras 7, 4 e 10) eram obra de Jacopo de Caraglio; e o fragmento 2 (correspondente à xilogravura 11) era de Marco Dente.

lenque. Pelo menos duas séries desses desenhos estão conservadas, uma na Biblioteca Nacional de Paris e outra no Museu Britânico. São de um estilo neoclássico, que lembra o de Proudhon.

O conde Jean Frédéric-Maximilien de Waldeck era um personagem interessante. Viajante, pintor e gravador, nasceu em Viena, em 1766, e morreu em Paris, em 1875. Depois de dobrar o Cabo da Boa Esperança, tornou-se cidadão francês e lutou sob as ordens de Napoleão em Toulon e no Egito. Acabou fugindo para a costa leste africana, perseguido pelos ingleses. Mais tarde percorreu o Oceano Índico. Durante os primeiros anos da Restauração foi para o Chile e, depois, explorou a Guatemala e o México. De volta à França, dedicou-se à pintura e à gravura. De fato, as reconstruções de *I modi* eram desenhos preparatórios para litografias — conforme nos conta em sua *Notizia* — referentes a eles (1858).

A história de De Waldeck, segundo a qual encontrou por acaso as gravuras originais num convento de franciscanos, é considerada como altamente improvável. No entanto, os nove fragmentos do Museu Britânico aparecem nos desenhos do conde, e há coincidências surpreendentes entre estes e outro documento que repentinamente apareceu em cena neste século.

Em 1928, Walter Toscanini, filho do famoso regente, descobriu à venda, na Itália, um exemplar do século XVI de *I modi*. É nesse livro, cuidadosamente conservado e preservado dos olhares do público enquanto esteve nas mãos de Toscanini, e agora pertencente a outro colecionador particular, que se baseia esta edição.

Esse objeto fascinante e único no gênero, encadernado junto com outras quatro obras escatológicas do período renascentista em uma *Miscelânea*, é formado por catorze xilogravuras (de cerca de 61 mm x 66 mm), acompanhadas de catorze sonetos do tipo caudato (com cauda, ou seja, de dezesseis versos). Além disso, há outra página com dois sonetos à maneira de epílogo, e faltam alguns versos do segundo. Sem dúvida, estes últimos não são obra de Aretino. No total, há oito folhas numeradas e nesse volume faltam duas: a primeira (o frontispício e seu verso) e outra página que conteria, dos dois lados, duas ilustrações junto com os dois sonetos correspondentes. O estilo é rafaelesco, da primeira metade do século XVI. Ao examinar esta edição em primeira mão, tive a oportunidade de especular sobre onde e em que condições poderia ter sido realizada.

A *Miscelânea* de que faz parte *I modi* é um pequeno livro in-oitavo que inclui as seguintes obras: *La puttana errante* (A puta errante), de Lorenzo Venier, sátira contra uma cortesã veneziana, e *Il trentuno della Zaffetta* (O trinta e um da Zaffetta), história de um estupro em massa de outra cortesã veneziana; *Il Manganello*, poema anônimo de caráter misógino do século XV, e *Processus contra ser Catium Vinculum* (Processo contra o sr. Pauno-seu-cu), uma defesa parodiando a linguagem jurídica. O volume tem uma capa de pergaminho flexível, atada com duas fitas de seda verde.

As obras que precedem *I modi* são impressas em papel com filigrana — uma âncora num círculo de edelvais — que parece ser de origem veneziana, da primeira metade do século XVI[3], com caracteres de tipo romano em negrito. A quinta obra é diferente: o papel não tem filigrana e o tipo é de letra cursiva. Está faltando o frontispício, que talvez contivesse alguma ilustração, o que torna quase impossível determinar-lhe a procedência, o tipógrafo e a data.

Embora mostrem uma considerável expressividade, o acabamento das xilogravuras é bastante tosco, o que se pode atribuir, até certo ponto, às características da própria técnica; há inclusive erros de anatomia (por exemplo, nas posições 3 e 9). Um estudo atento das xilogravuras ao lado dos fragmentos de gravuras revela que as primeiras constituem uma tentativa de imitar estas últimas em seus mínimos detalhes, incorporando às

PRANCHA D-1. Suposta impressão da posição 1 da série original de *I modi*, gravada por Marcantonio Raimondi a partir de um desenho de Giulio Romano. Doação do conde De Waldeck. Maurice Delaborde, em *Marc-Antoine Raimondi*, Paris, 1888, pp. 245-246, afirma que não se trata de uma gravura, mas de um desenho a pena e aguada; dá a entender que o conde De Waldeck realizou a falsificação antes de doá-la à biblioteca. Lemarchand e Dunand (p. 193) tentam defender De Waldeck dessa acusação.

PRANCHA D-2. Suposta impressão da posição 1 da série original de *I modi*, gravada por Marcantonio Raimondi a partir de um desenho de Giulio Romano, Albertina, Viena. Maurice Delaborde (*op. cit.*, pp. 245-246) comenta a boa qualidade dessa impressão e dá a entender que, em sua opinião, trata-se de um original de Marcantonio.

vezes elementos mais adequados a outro tipo de técnicas de gravura. Ao mesmo tempo, os erros importantes que se encontram no texto — entre outros, erros de ortografia, omissão de algumas letras e tipos colocados de ponta-cabeça —, além do fato de faltarem o oitavo verso e a coda do segundo soneto do epílogo, confirmam sem sombra de dúvida que se trata de uma edição pirata. Por outro lado, o texto segue fielmente o original, o que nos leva a concluir que se trata, indubitavelmente, de uma edição publicada bem pouco depois do surgimento da primeira edição conjunta das gravuras e dos poemas, talvez até no mesmo ano.

O mais provável é que este livro (ao qual me referirei doravante como edição de 1527) tenha sido publicado em Veneza, onde reinava um ambiente de grande liberdade e tolerância nas imprensas da época. Conforme nos faz lembrar Henri Zerner em seu artigo "L'estampe erotique au temps de Titien"[4] (A gravura erótica no tempo de Tiziano), a impressão de xilogravuras era uma especialidade veneziana. Durante o século XVI, Veneza se tornara um importante centro de produção e distribuição de gravuras populares, que freqüentemente representavam cenas eróticas. Ao comparar a edição de 1527 de *I modi* com gravuras como a xilogravura veneziana de autor anônimo aqui reproduzida (prancha E), encontramos muitos pontos de semelhança quanto ao estilo e mesmo quanto ao tema (neste caso a semelhança é surpreendente).

Embora possivelmente continuemos sem saber o local e a data exatos da publicação de nossa edição, agora podemos, no entanto, resolver três questões amplamente debatidas: primeiro, se os poemas foram publicados junto com as gravuras quando Aretino ainda estava vivo (ou seja, antes de 1556); segundo, se foi realmente Giulio Romano o autor das gravuras, ou se foi o próprio Rafael; e, terceiro, qual era o número original de pares de sonetos e gravuras.

Há indícios indiscutíveis, em pelo menos três documentos literários da época, de que as imagens e os textos foram publicados juntos muito cedo. Uma dessas provas é a extraordinária carta de Aretino que transcrevemos anteriormente, uma espécie de "credo", que é de grande ajuda para interpretar as motivações de todo o projeto. Essa carta, à qual se atribuiu arbitrariamente a data de 15 de dezembro de 1537, provavelmente foi redigida em 1527, ou até antes, e é uma dedicatória da obra. A data de 1537 foi atribuída a várias dedicatórias não datadas da reimpressão das *Cartas* de Aretino em 1542, talvez para preencher a lacuna na correspondência do escritor durante esse ano. Felizmente, temos uma carta de 6 de novembro de 1527 que o poeta enviou a um nobre genovês, Cesare Fregoso[5], na qual aparece esta declaração reveladora:

> Podeis imaginar meu prazer [ao receber uma cesta de frutas de presente], pois trata-se do mesmo prazer que Vossa Excelência experimentará ao possuir *o livro de sonetos e das figuras lascivas* que tanto desejáveis e que vos envio para retribuir a vosso presente.

Além dessas duas cartas — que provam que, sem dúvida, as gravuras e os sonetos foram publicados juntos quando Aretino era vivo e, portanto, antes de 1527 —, existe outra muito sugestiva, de 28 de maio de 1527, dirigida ao poeta por Federico de Gonzaga, agradecendo-lhe alguns sonetos e ilustrações que ele enviara ao duque[6].

A carta em que Aretino dedica a obra a Zatti também nos é útil para outro fim, ao afirmar — do mesmo modo que Giorgio Vasari em seu relato do episódio — que foi realmente Giulio Romano o autor dos desenhos originais para *I modi*.

PRANCHA E. *Sátiro e ninfa adormecida*, xilogravura veneziana do século XVI de autor desconhecido (antes atribuída a Boldini e a Tiziano), Departamento de Gravuras e Desenhos do Museu Britânico (1929-4-16-9f.); nº 88 na obra de David Rosand, *Titian and the Venetian Woodcut* (Tiziano e a xilogravura veneziana), Nova York, 1969. Tanto o estilo como o tema têm uma certa semelhança com a edição de 1527 de *I modi*, o que dá credibilidade à teoria de que o livro foi publicado em Veneza.

Embora os estudiosos de Rafael sempre tenham descartado essa possibilidade, uma curiosa passagem do diálogo de Ludovico Dolce[7] sobre a pintura é muito instigante, ao sugerir que Rafael talvez tivesse algo a ver com o projeto de *I modi*, pelo menos em sua fase preliminar, antes de sua morte, em 1520. No diálogo de Dolce, Pietro Aretino aparece defendendo Rafael da acusação de ter "confiado seus próprios desenhos de mulheres e homens acasalando-se de maneira lasciva e desonesta a Marcantonio, a fim de serem gravados em cobre". Sustenta que na verdade foi Giulio Romano, "discípulo e herdeiro" de Rafael, o autor dos desenhos e quem os entregou a Marcantonio, mas Aretino acrescenta esta curiosa consideração: "Ainda que Rafael tivesse desenhado todas ou algumas dessas figuras, nunca as fez circular nas praças públicas nem nas igrejas; de algum modo chegaram às mãos de Marcantonio, e ele, com intenção de tirar algum proveito delas, encarregou Baviera de gravá-las em cobre."

Em seguida, Aretino vangloria-se do papel que lhe coube na libertação de Marcantonio, e há um lapso cronológico quando ele (ou seja, Dolce, o autor) acrescenta: "Se não fosse minha intervenção, Leão teria castigado sua temeridade com terrível rigor." Leão, o grande mecenas de Rafael, morreu antes de 1521.

Certamente, foi Clemente VII quem castigou o gravador.

Parece legítimo atribuir a Giulio Romano a composição tipicamente rafaelesca de tais desenhos, que beiram os limites do maneirismo e recorrem a formas originalmente clássicas.

Quanto à enfadonha questão do número de gravuras e poemas da edição de 1527, podemos afirmar que Vasari estava enganado ao dizer, em seu relato moralista do escândalo de *I modi*:

> Depois daquelas coisas que Giulio Romano fez Marcantonio gravar em vinte pranchas mostrando em quantos modos, atitudes e posições diferentes os homens desonestos deitam com mulheres; e, o que era ainda pior, para cada modo mestre Pietro Aretino compôs um soneto desonesto...

Já vimos como Aretino descreve na carta a Zatti a maneira como "deixou cair" dezesseis sonetos para acompanhar os dezesseis *modi* de Marcantonio. Como esse número se ajusta exatamente ao de gravuras — incluindo-se as correspondentes às folhas que faltam — da edição de 1527, não parece que se possam levantar mais dúvidas sobre essa questão.

Só podemos supor que, com o correr do século, outros sonetos e gravuras tenham sido emparelhados; em todo o caso, o fato de que 20 se tornasse um número favorecido pelas séries posteriores de gravuras eróticas não quer dizer nada[8].

Se tivéssemos alguma dúvida sobre a capacidade de multiplicação de *I modi*, o corpus de *Sonetos luxuriosos* que se foi formando ao longo dos séculos facilmente nos convenceria do contrário. Foram escritos muitos outros sonetos, e possivelmente alguns dos primeiros foram obra de Aretino. Além disso, os divertidos *Dubbi amorosi* (Dúvidas amorosas), atribuídos a Aretino, foram publicados junto com esses sonetos em muitas ocasiões. No final do século XVIII começaram a aparecer na Europa edições dos sonetos com os dados sobre o local de impressão e o tipógrafo falseados. Às vezes, eram acompanhados de ilustrações que se acreditava serem obra de Giulio Romano, e o número de poemas era sempre diferente: vinte e um, vinte e dois, vinte e seis, trinta e um... A maior parte dessas edições baseava-se em cópias manuscritas muito alteradas e continha um grande número de sonetos espúrios[9].

É uma sorte existirem esses sonetos a mais; graças a isso, foi possível emparelhar dois deles com duas das reconstruções de De Waldeck que não tinham equivalentes entre as xilogravuras de 1527, tornando-se possível conjeturar como terão sido os dois pares de gravuras e poemas que faltam na edição original. É muito significativo que dois dos fragmentos de gravuras que não aparecem nas xilogravuras estejam presentes, à maneira do século XIX, num dos desenhos de De Waldeck. Um soneto do corpus, com a marca inconfundível do estilo de Aretino, descreve exatamente o que ocorre nessa cena reconstruída, e em nossa edição acompanha a gravura da posição 5. Do mesmo modo, a posição 6 se baseia na conjunção de um segundo soneto do corpus com um desenho de De Waldeck que parece representar uma outra, à qual se faz alusão no texto, mas nesse caso a relação é menos evidente[10].

Depois dessa breve incursão pela complexa história de *I modi*, podemos finalmente passar a analisar em que consistiu exatamente essa experiência e a especular sobre as razões de ter sido realizada. Com um pouco de imaginação, podemos inclusive fazer uma idéia de como deve ter sido a primeira edição, com todo o seu austero esplendor e sua lasciva indecência.

Na verdade, embora para alguns estas imagens possam parecer insípidas do ponto de vista estritamente pornográfico, elas manifestam um equilíbrio, um delicado senso da geometria e um saudável senso de humor, pouco freqüentes nesse tipo de obras, e dirigem-se a nós numa linguagem que é intemporal e universal.

Em primeiro lugar, somos convidados a entrar em dezesseis espaços íntimos, em sua maioria toucadores femininos, e a contemplar belas formas nuas, retidas por um instante no decorrer de ações eróticas espetaculares. O prazer estético nos embarga, mas também desperta imediatamente em nós uma profunda e discreta curiosidade.

Na verdade, quem podem ser essas dezesseis mulheres autoconfiantes, que defrontam alegremente com

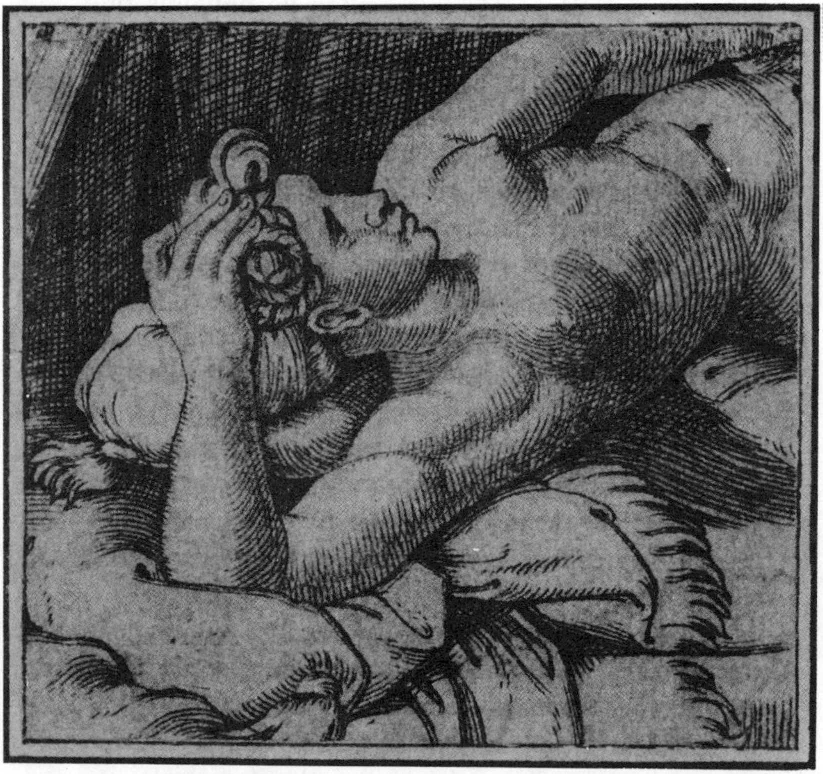

PRANCHAS F-1 e F-2. Fotografias ampliadas de dois dos fragmentos das gravuras do Museu Britânico, que possivelmente faziam parte da posição original 5. São os únicos que não aparecem entre as xilogravuras de 1527. Em nossa edição, emparelhamos uma reconstrução (desenho) de De Waldeck na qual aparecem estes fragmentos com um soneto do corpus dos *Sonetos luxuriosos* que aparentemente descreve a mesma posição ("Pousa esta perna aqui sobre meu ombro").

seus amantes, também seguros de si mesmos? Anteriormente, a arte do Renascimento italiano nunca nos havia oferecido tais cenas.

Os protagonistas de I modi

Quem são os protagonistas? Na minha opinião, trata-se de famosas cortesãs da Corte romana da Idade de Ouro de Leão X, que se prolongou durante o papado de outro Medici, Clemente VII. Essas mulheres, que se consideravam reencarnações das antigas hetairas e que surgiram em grande número nas primeiras décadas do século XVI, mostram-se aqui junto de seus amantes importantes, tanto jovens como homens maduros.

A primeira coisa que me atraiu em *I modi* foi justamente o interesse que havia muito tempo me despertava a cortesã do Renascimento italiano. Eu estudara essa figura na literatura e na sociedade; observara-a sob suas muitas formas e disfarces ao longo de todo o panorama da arte renascentista, encontrando-me com sua imagem nos lugares mais inesperados. No início, analisei-a vestida, porém mais tarde ela começou a se desnudar diante de meus olhos.

Nua e eloqüente, eloqüentemente nua, em *I modi* encontrei-me frente a frente com a cortesã em sua atitude fundamental. Desprendendo-se dos últimos vestígios de mitologia, lá ela aparecia deitada, na plenitude de seu "ser": livre, poderosa, totalmente carnal, mas ao mesmo tempo consciente do valor e da beleza dessa carnalidade. É essa visão da "Vênus terrena" que desejo agora compartilhar com vocês.

No Renascimento, a prostituta instruída, a "cortesã honesta", desempenhava um papel especial na sociedade. Sua tarefa não consistia unicamente em proporcionar prazer erótico, mas também em tocar alaúde, cantar, escrever sonetos, falar de Boccaccio e comentar a política da Corte papal e dos conselhos do Dux. A música, a poesia e a filosofia tinham a função de infundir no amante uma sensação de repouso, mas também de excitá-lo e estimulá-lo, despertando seus apetites e proporcionando novos pretextos para os desejos e sua satisfação contínua, enquanto se aventavam as chispas das ambições mundanas e artísticas.

A amante assalariada, que podia dividir seus favores entre vários amantes, tinha uma função didática, além de social. Sua tarefa consistia em fazer com que os fidalgos se ajustassem às regras do comportamento e da linguagem. Ao mesmo tempo, dependia economicamente deles, e muitas vezes os explorava até o limite de suas possibilidades. Desse modo, sem que fosse necessariamente essa sua intenção, acabava por impulsionar seus amantes em direções opostas, para cima em busca da elevação espiritual, e para baixo, para a perdição moral e econômica.

Um dos princípios da complicada estrutura pseudolegal das cortesãs era elas serem livres para escolher seus amantes e decidir quando queriam recebê-los. Teoricamente, a cortesã só escolhia entre os melhores homens. Não desdenhava a riqueza e a aparência atraente, mas era preciso ter muitas outras qualidades para ser admitido em sua presença: bons modos, saber dançar, cantar, escrever e manter conversas interessantes; e, principalmente, talento intelectual e artístico.

A cortesã, porém, não era simplesmente uma recuperação humanista de um fenômeno da Antiguidade; era também uma mulher de negócios. Essa instituição era toda uma indústria, principalmente em Veneza. A situação de Veneza como porta do Oriente e o papel de "intermediário" da cidade animavam essas mulheres a serem extremamente mundanas, identificando seus destinos com os da República. Deslumbradas com o luxo e a variedade de mercadorias e espetáculos que as cercavam, expostas à promiscuidade de uma comunidade estrangeira de elite que se renovava continuamente, estimuladas pelo êxito comercial das imprensas recém-estabelecidas, as cortesãs levavam uma vida em que os fatores do comércio e do intercâmbio tinham um papel importante. Encontravam-se no centro de toda essa atividade, cumprindo uma função ornamental para o Estado, atraindo os estrangeiros para as costas venezianas, mas também possuíam um artigo de luxo que podia ser vendido repetidamente, rendendo benefícios para elas e, por meio de diversos impostos, também para o Estado.

Mimoseadas com perfumes, especiarias e mascotes exóticos, e ataviadas com os tecidos mais requintados jamais fabricados, as cortesãs de Veneza, Roma e de outros lugares faziam de si mesmas uma mercadoria elaborada, cara e exclusiva. Não só posavam para os artistas como, às vezes, se transformavam em verdadeiras obras de arte.

Durante as primeiras décadas do século XVI, as cortesãs romanas moravam nas zonas mais elegantes, em vizinhanças luxuosas, e mudavam-se com freqüência de um lugar para outro da cidade. Quase é possível afirmar que o papa Leão X (1513-1521) alentava a prostituição para as classes altas, junto com outros vícios e prazeres, entre eles a presença de bufões na Corte. Com o avançar do século, outros pontífices mais austeros, como Paulo IV, Pio V e Sisto V, manifestaram uma atitude mais "puritana", concretizada em severas leis e regulamentações concernentes a esse tipo de mulheres. Mas, nesse ínterim, as cortesãs romanas da Idade de Ouro tiveram um papel importante na vida social e cultural que cercava a Corte papal. Uma delas, a grande Imperia, que se acredita ter servido de modelo para a *Galatea* de Rafael na Villa Farnesina, foi aclamada em versos latinos como o segundo presente dos deuses para a cidade de Roma depois do Império[11].

Reconhecidas pela sociedade, e até mesmo pelo Estado, as cortesãs deviam ter suprema confiança em suas capacidades. No momento culminante de sua influência, indiferentes ao que pudesse lhes acontecer no futuro, quando "o mal francês", a decadência da velhice, a prisão ou o assassinato viessem lhes cobrar seu preço, não se consideravam de modo algum pobres criaturas nem vítimas do amor. Embora carregassem o peso de inúmeras obrigações desagradáveis, entregavam-se a todos os requintes do prazer. Viviam em magníficos palácios com grande ostentação e elegância, eram sempre acompanhadas por pajens e criados, freqüentavam as igrejas elegantes e se exibiam nos eventos públicos e privados importantes (sobretudo em Veneza, onde as esposas quase sempre ficavam em casa).

Embora estivessem submetidas aos preceitos gerais da vida aristocrática, não se esperava que manifestassem o servilismo típico do cortesão da época. Em resumo, as cortesãs como profissionais, mas também como ornamento da sociedade, usufruíam amplas liberdades e autêntico poder.

Voltando às xilogravuras e a *I modi*, podemos perguntar-nos com toda a lógica: se não se tratava de cortesãs, quem poderiam ter sido essas dezesseis mulheres encantadoras que demonstram tal domínio das técnicas de amor, exibindo suas habilidades num jogo erótico caracterizado pelo equilíbrio, por uma autêntica igualdade? É claro que não se trata de esposas nem de monjas, as outras duas principais categorias de mulheres da sociedade daquele tempo. Felizmente, nos sonetos de Aretino faz-se menção expressa a famosas cortesãs romanas da época. Vale a pena nos determos para saber quem eram realmente essas pessoas que viviam num precário equilíbrio entre o mais elevado e o mais baixo.

Beatrice de Bonis, provavelmente a protagonista do soneto XIV, criou fama em Florença antes de se transferir para Roma e se instalar na elegante região próxima à Osteria dell'Orso. Lorenzo Medici era um de seus amantes, e, além disso, eles se correspondiam. Vasari nos conta que Rafael pintou seu retrato, e vemo-nos tentados a pensar que tenha sido o modelo para *La Fornarina*, assim como para um retrato que se encontra em Moscou, atribuído a Giulio Romano e a Raffaellino del Colle.

Embora tenha sido seriamente colocada em dúvida a identificação de Beatrice com a heroína de dois longos poemas intitulados *Il vanto* (A jactância) e *Il lamento della cortigiana ferrarese* (O lamento da cortesã de Ferrara), a narradora se descreve na primeira pessoa, quase exatamente com as características físicas da mulher que aparece nas obras mencionadas acima:

Meus dois olhos são mais negros do que corvos,
Sobrancelhas finas, arqueadas e de delicado desenho...
Lábios de coral e um doce sorriso...
Uma fronte encantadora e expressão desenvolta,
O nariz bem desenhado entre duas rosas...
Um pescoço de alabastro branco como a neve
Seios redondos e firmes como fruta verde...
Minhas partes privadas são ainda mais belas...

Lorenzina (soneto XIII), outra célebre cortesã romana, é a causa de uma disputa no diálogo *Il Zoppino*, que provavelmente se desenvolve em Roma entre um proxeneta aposentado e moralista e um fidalgo em busca do prazer. O fidalgo afirma que as igrejas e os palácios são adornados por Lorenzina e suas companheiras — na verdade, o fato de ir à igreja acompanhada pelo menos por trinta e dois pretendentes contribui para aumentar o número de fregueses —, ao passo que Zoppino, mais cínico, desmitifica completamente as origens da cortesã, relatando a miséria que passou em sua infância, como filha de um padeiro, e o início brutal de sua carreira profissional. Tanto Lorenzina como Beatrice aparecem no censo de 1527 como "honestas cortesãs" bem-estabelecidas. É possível que Lorenzina tenha morrido antes de 1537, pois aparece numa procissão nos infernos descrita na sátira *Il trionfo della lussuria di maestro Pasquino* (O triunfo da luxúria de mestre Pasquino), enquanto Beatrice e Angela Greca (soneto XII) aparecem entre os vivos.

Se há alguma coisa certa nas biografias moralizantes como as descritas pelo personagem Zoppino, Angela Greca também se elevou a partir de suas origens plebéias; depois de contrair sífilis e viver numa taberna em Campo dei Fiori, passou a ser sustentada por um importante prelado da corte papal. Com toda a evidência, sua especialidade era fomentar os ciúmes entre seus amantes. Finalmente, conseguiu casar-se com o capitão Ercol Rangone, que aparece numa cena de *I modi* fazendo amor com ela. Angela tomou o hábito na igreja de Trinità dei Monti, em 1536, mas é bem possível que tenha voltado à vida secular, se de fato é ela a cortesã grega que o mexeriqueiro Brantôme visitou em Roma em 1555.

Só encontrei uma referência à Ciabattina (soneto XIII) na literatura sobre cortesãs. Em sua extensa relação da genealogia, origens e qualidades das cortesãs, o antigo proxeneta Zoppino também a "rebaixa":

> Como podem essas mulheres ser tão pomposas?... vede, por exemplo... Ciabattina com seus sapatos e suas galochas de quatro *marcelli* [quantia de dinheiro bastante pequena]. É isso que lhe permite dar-se esses ares, balançar o traseiro de um lado para outro, franzir o nariz horrível e rejeitar os convites sexuais como se seus pretendentes cheirassem mal?

Zoppino volta a falar da Ciabattina em outra passagem, na qual ataca as cortesãs que, ao trocarem os farrapos pelas riquezas, exigem palácios com fossos e jardins, pajens e criadas.

I modi: *um álbum das cortesãs da época*

Estou convencida de que *I modi* constitui uma galeria em forma de álbum de dezesseis cortesãs diferentes (com seus amantes nobres), cada uma delas com seu nome e sua habilidade especial. Além de se nomearem deliberadamente várias cortesãs no texto que aparece ao pé das ilustrações, outras protagonistas femininas da série expressam seus gostos sexuais individuais com gestos e palavras. Neste sentido, *I modi* assemelha-se aos catálogos e às jocosas "tabelas" da época, ou seja, listas de cortesãs e de suas especialidades que, às vezes, incluem os preços.

Não há dúvida de que três aspectos diferentes do gosto renascentista pelas listas e pelas séries influíram na composição dessa obra:

a) *Catálogos (a maioria venezianos) compostos como guias para os bordéis e as cortesãs da classe alta.* O mais interessante desses catálogos, *La tariffa delle puttane di Vinegia* (A tabela das putas de Veneza), inclui não menos de cento e dez cortesãs e vinte e cinco alcoviteiras, oferecendo seus nomes e também detalhes picantes de seus hábitos pessoais e sexuais. Embora seu propósito fosse, em grande medida, difamar essas profissionais do prazer, essas tabelas freqüentemente mostravam ao público os gostos individuais e os temperamentos dessas mulheres, proporcionando-lhes publicidade gratuita.

La tariffa... e o *Catalogo delle più onorate puttane di Vinegia* (Catálogo das putas mais honradas de Veneza), de 1575, no qual Veronica Franco, uma das figuras mais importantes da vida cultural veneziana da segunda metade do século XVI, aparece na lista com o preço absurdo de dois escudos, ao passo que outras mulheres menos conhecidas vendem-se a preços que chegam a dez ou doze escudos, são os principais documentos dessa natureza. Também aparecem listas pitorescas de cortesãs célebres em *Il trionfo... del Maestro Pasquino*, o diálogo *Il Zoppino*, *Il vanto* e *Il lamento*... Existe também um catálogo comentado das cortesãs de Veneza, escrito em dialeto veneziano, num *códice* da Biblioteca Marciana dessa cidade (7061 f84 r.). Ao que parece, o autor é Maffio Venier, filho de Lorenzo, discípulo de Aretino e também escritor satírico, autor de dois dos livros encadernados junto com *I modi*. Maffio, arcebispo de Corfú, era o poeta de maior destaque do dialeto veneziano da época. Seus *tenzone* (debates poéticos) com a poetisa e cortesã Veronica Franco, que ele tempera com numerosas obscenidades, constituem um documento notável.

O espírito dessas engenhosas listas de cortesãs, com comentários enumerando suas especialidades, vícios, preços e — no caso dos catálogos — seus alcoviteiros, lembra o das colunas de mexericos de Hollywood, em que suas personalidades aparecem realçadas pelos escândalos. Ao difundir publicamente as habilidades profissionais em forma de admoestações moralistas, essas listas revelam que, além de artigos de consumo, as cortesãs também eram forças com que era preciso contar.

b) *Listas de posições para o ato amoroso.* Sabe-se que essas listas eram comuns na Antiguidade. As obras que as incluíam, freqüentemente ilustradas, eram sempre atribuídas a mulheres — por exemplo, a grega Elephantis —, mas dava-se por certo que tinham sido escritas por homens. Elephantis — cujo nome significa "marfim", e não "elefante" — é mencionada por Suetônio em sua descrição do palácio de Tibério, em Capri. O historiador conta que o Imperador o adornou com estatuetas e quadros dos temas mais lascivos e que nele também não faltavam os livros de Elephantis. É interessante que, no século XVI, o escritor francês Brantôme tenha vinculado os nomes de Aretino e de Elephantis, tal como Ben Jonson em O *alquimista*, onde um dos personagens diz:

Terei...
... meu quarto ovalado
Cheio daqueles quadros que levou Tibério
De Elephantis e do aborrecido Aretino
Mas friamente imitados.

Os escritores do Renascimento italiano mostram um vivo interesse por esses gêneros. Ariosto dá por certo que Giulio Romano, Marcantonio e Aretino estejam imitando os antigos em *I modi.* No prólogo da versão de 1526 de sua obra dramática *Suppositi* (Os supostos), declara:

Mesmo quando falo em supor,
Minhas su-posições são completamente diferentes
Daquelas antigas que Elephantis
Pintou e que há pouco foram revividas
Em nossa santa cidade de Roma, bela
Mas vergonhosamente gravadas
Para que o mundo todo possa ter uma cópia.

Outros escritores italianos da época falam das "doze posições de Cirene", em alusão à passagem de *As rãs*, de Aristófanes.

Na Itália renascentista começaram a surgir listas de configurações amorosas. As do diálogo *Maddalena e Giulia*, atribuídas erroneamente a Aretino, e as de *Il Zoppino* referem-se expressamente a cortesãs romanas. Também aparecem posições nos *Raggionamenti* de Aretino, onde se afirma — com intenção burlesca — que as paredes de um convento romano ao qual Nana, uma cortesã envelhecida, fora enviada quando pequena eram cobertas de imagens representando diferentes posições eróticas.

Cada autor proclama com toda a solenidade que o número de posições que ele (ou ela) escolheu é tradicional. Em *Maddalena e Giulia* há trinta e cinco, mas em *La puttana errante* há setenta e duas, das quais só se descrevem nove. Em *Il Zoppino*, por sua vez, adverte-se acertadamente que o número de posições é infinito, sendo impossível enumerar todas elas.

Curiosamente, só algumas dessas posições correspondem às dos desenhos de Giulio Romano. Nenhuma das dezesseis posições de nossas gravuras mostra uma mulher deitada por cima de um homem, ao passo que em *Maddalena e Giulia* dá-se muita importância a essa posição, da qual se discutem pelo menos três variantes. Nesse diálogo também se faz menção às maneiras de fazer amor entre dois homens e entre duas mulheres, e eu descobri um documento pouco comum na Biblioteca do Vaticano[12] no qual um homem que pratica a prostituição na Roma do século XVI faz uma descrição dos *modi* homossexuais.

Os nomes das posições nesses diálogos e poemas abrangem desde nomes de homens ou eventos da Natureza, atividades humanas e nomes pessoais, até características nacionais e, finalmente, descrições meramente técnicas. Por exemplo, temos "a rã", "o grou", "a árvore", "a planta", "a ovelha pastando", "cavalgando um asno", "na prisão", "o torneio", "ao estilo do mensageiro", "igreja no campanário", "à Giannetta", "o bebê adormecido", "à alemã", "à turca", "à moura", "andrógina", "pernas em torno do pescoço de frente", "pernas em torno do pescoço por trás", e muitas outras indicações gráficas desse tipo[13].

c) *Retratos de cortesãs dispostos em série.* Temos provas de que no Renascimento e no século XVII existiam álbuns e coleções de retratos de cortesãs na Inglaterra, na Itália, nos Países Baixos e talvez em outros lugares da Europa. Sem dúvida, o propósito dessas criações artísticas era tanto estético quanto comercial.

Shakespeare dá a entender que as alcoviteiras isabelinas levavam retratos de suas "damas" para mostrar aos clientes. Dizia-se que Henrique III da França escolheu Veronica Franco entre vários retratos de cortesãs venezianas reunidos num álbum que lhe foi oferecido pela

República. Há um outro também fascinante, de gravuras e retratos de quarenta cortesãs de vários países, obra do flamengo Crispin de Passe (cada ilustração é acompanhada de uma pequena *vita* em verso, em três idiomas diferentes).

O frontispício desse álbum é por si só bastante significativo: um burguês flamengo aparece comodamente instalado no salão de um bordel, fumando seu cachimbo, enquanto uma *madame* lhe aponta as diferentes qualidades das cortesãs cujos retratos cobrem as paredes. Provavelmente se trata das mesmas cortesãs vestidas com trajes regionais típicos cujos retratos podem ser contemplados nas páginas internas.

Sua natureza é ambígua, pelo fato de se tratar fundamentalmente de uma série do que hoje conhecemos como "figurinos" de moda. O artista preocupou-se antes de tudo em ilustrar a abundância e a variedade de indumentárias das "estrelas" de diferentes países. Os repertórios de trajes confeccionados por gravadores venezianos (Cesare Vecellio, Giacomo Franco, Pietro Bertelli) também incluíam inúmeros exemplos de indumentárias cortesãs.

É possível que houvesse galerias de retratos adornando os vestíbulos de entrada dos bordéis, tabernas e lupanares. Pode ser, também, que tais retratos servissem a outros fins, se é que é verdade, como se dá a entender no poema popular *La carretta* (A carroça), que no carnaval de 1525 percorreu as ruas de Roma uma carroça adornada com retratos de cortesãs, que depois foram lançados no Tibre, na presença do Papa — sem dúvida um ritual de exorcismo bem pouco eficaz!

Não há dúvida de que *I modi* é uma combinação e uma ampliação de todos esses diferentes gêneros: os catálogos, as tabelas literárias, as listas de posturas para o ato amoroso, os álbuns e galerias de retratos de cortesãs... No entanto, é preciso fazer um esforço considerável de imaginação para conceber a representação de cortesãs contemporâneas durante o mesmo ato de amor.

A crença dos antigos, de que era possível apaixonar-se pelos belos quadros e estátuas, fascinava Aretino. De fato, na Antiguidade clássica achava-se que uma obra de arte podia excitar sexualmente o espectador. Num drama de Terêncio, um homem que vai visitar sua amante fica seduzido ao entrar e ver um quadro de Dânae recebendo Júpiter em forma de chuva de ouro. Tiziano e outros artistas de seu círculo utilizavam esses poderes "diabolicamente". Numa carta ao duque de Gonzaga, Aretino gaba-se de lhe ter enviado uma figura lasciva de Vênus, obra de seu amigo, o escultor Sansovino, "tão conforme à realidade, que excita a lascívia [*libidine*] de todo aquele que a contempla". Diante desses gostos abertamente declarados, o que poderia haver de mais provocador do que uma seqüência de cortesãs reconhecíveis, retratadas no momento da fornicação?[14]

Os temas: um comentário social e uma homenagem a Priapo

I modi, no entanto, é algo mais do que uma simples coletânea de cenas íntimas estimulantes extraídas das vidas das cortesãs romanas. Em primeiro lugar, a reunião de gravuras e sonetos constitui uma forma de crítica social surgida como protesto expresso diante de uma situação, mas com implicações mais amplas. Apontamos a possibilidade de que Giulio Romano, ressentido com Clemente VII, tenha feito os primeiros esboços dessas posições na Sala de Constantino, e que os sonetos obscenos de Aretino tenham sido compostos em parte com a intenção de ofender o poderoso secretário papal, Giberti, a quem atacava em seus poemas satíricos. O tom anticlerical da obra é bem claro. Uma edição dos sonetos do século XVIII, ostentando um frontispício obsceno — uma guirlanda de falos —, é ironicamente dedicada ao clero.

Há uma manifestação até mais impressionante dessa atitude, na proclamação totalmente herética de Aretino: "Oxalá minha linhagem morra comigo." Além de se mostrar, em *I modi*, partidário da fornicação fora do casamento e da sodomia (um ato criminoso), nesta obra dá a impressão de sofrer uma certa influência de uma tradição heterodoxa — constante na cultura ocidental a partir do século XII, remontando aos cátaros —, que considera que, idealmente, o amor físico deve evitar a reprodução.

Em geral, a ostensividade com que Marcantonio exibe os corpos nus no ato da cópula e a paródia profana de Aretino se empenham em revelar, embora de maneira perversa, a verdade de seu entorno social, dando a entender que a Corte papal e, por extensão, as cortes de toda a península constituem um imenso bordel de vício e corrupção.

Por trás de uma fachada à maneira de De Castiglione, escondia-se uma realidade maquiavélica, em que qualquer meio era válido para a consecução dos fins egoístas de cada um. Por que não mostrar os prelados e nobres fornicando com as cortesãs, se o faziam na vida real? Afinal, as cortesãs são o que são, exercem honradamente seu ofício, ao passo que os homens dessa classe fingem ser melhores do que elas, quando freqüentemente são muito piores.

Em segundo lugar, um aspecto mais positivo de *I modi* é o fato de representar uma explosão de entusiasmo pagão que se fora acumulando, "bloqueando", durante séculos. Essa alegre experiência, baseada numa identificação consciente do presente com o passado, representa a extensão do humanismo até seus limites extremos. Eliminou-se qualquer tipo de mediação cristã desta homenagem ao antigo Priapo, o semideus fálico dos romanos que representa a fertilidade e que, significativamente, aparece nas estátuas que adornam o aposento da posição 1. Priapo já era um personagem popular entre os primeiros humanistas. Os poemas relacionados a seu culto surgidos desde a época clássica — o chamado "corpus priápico" — foram resgatados e imitados por escritores renascentistas como Antonio Beccadelli, o Panormita (1394-1471).

Mas seria um erro atribuir o surgimento de *I modi* apenas ao culto de Priapo, pois o órgão sexual feminino irrompe com tanta força quanto o masculino. Como não existe um equivalente feminino de Priapo entre os semideuses gregos e romanos, vemo-nos obrigados a adotar como princípio regente feminino o sátiro em forma de mulher que está à espreita na posição 7 e se assemelha a um detalhe de uma gravura de Marcantonio baseada num relevo de um antigo sarcófago, representando uma bacanal (ver pranchas G-1 e G-2).

Por trás de *I modi* adivinha-se a presença do antigo mundo de sátiros e de Sileno, de ninfas e de bacantes; e de Priapo, o deus rústico estranhamente potente/impotente, que vela sobre todos eles. As esculturas e relevos da Antiguidade ajudam-nos a interpretar as gravuras. As cabeças de leão são uma alusão aos sarcófagos báquicos; as orelhas pontiagudas e os olhos fundos são as características de homens reais que desempenham o papel de sátiros e faunos numa bacanal simulada. Representar personagens contemporâneos desse modo era uma forma de reconhecer a força de uma visão que remontava a quinhentos anos antes. Era uma maneira de render homenagem àqueles que pela primeira vez perceberam a relação especial entre a Natureza e o cosmo. *I modi* permitiu aos poetas, aos artistas, aos amantes ali representados e aos espectadores o acesso a uma experiência original do *eros*.

E não se tratava de um *eros* qualquer, mas de um *eros*

PRANCHA G-1. Marcantonio Raimondi, *Bacanal* (gravura), Biblioteca Nacional de Paris (Eb 5º Réserve) (Bartsch 14, I, 249). Inspirada num relevo de um sarcófago antigo (século II a.C.). Atualmente encontra-se no Gabinete Pornográfico do Museu

concebido intelectualmente e que liga todos nós à fonte originária do amor e da renovação vital. Era lógico que uma experiência de caráter tão sagrado e um ritual tão valioso fossem encarados com certa confusão e vacilação, com a sensação de se invadir o mistério, de se estar, com toda a evidência, violando tabus. A prova dos receios provocados por tal confusão está na constante ironia com que Aretino faz alusão a seus sonetos, em sua necessidade de levá-los em brincadeira do início ao fim. Na Roma daquele tempo, nomear os órgãos e os atos sexuais, assim como as pessoas, constituía uma transgressão escandalosa e deve ter provocado emoções ao mesmo tempo agradáveis e angustiantes. De fato, os comentários de Aretino revelam um profundo desassossego, mesclado a um senso igualmente profundo de descoberta.

Nacional de Nápoles. As poses das esculturas do sátiro feminino e da figura priápica parecem ter inspirado as figuras dos amantes da posição 7 da edição de 1527 de *I modi*.

A descoberta, é claro, reside nas próprias gravuras, que revelam a beleza absoluta do corpo humano nu, especialmente sendo representado no momento de fazer amor, na disposição do casal. Unida ao temor sagrado, essa descoberta é de uma ambivalência que poderia ser a explicação de duas posições um tanto cômicas e grotescas (14 e 15). Mas, em compensação, temos catorze (potencialmente dezesseis) magníficas cortesãs junto de seus amantes da nobreza, que se apresentam em todo o esplendor de suas formas naturais, exibindo abertamente seus órgãos sexuais.

Teatralidade e transgressão

Vasari chama estas cenas de "os amores dos deuses", mas não há dúvida de que isso é mais uma supo-

PRANCHA G-2. Detalhe de *Bacanal*, gravura anônima a partir da de Marcantonio Raimondi, Biblioteca Nacional de Paris (B 47597) (Bartsch 14, I, 248).

sição baseada em semelhanças superficiais com uma série de gravuras de Jacopo de Caraglio, inspiradas em obras de Perin del Vaga e de Rosso Fiorentino, em que as referências mitológicas são muito mais evidentes. É verdade que, no catálogo ilustrado de gravuras de Adam von Bartsch, o exemplar de Viena da posição 1 (prancha D) tem por título "O amor de um deus e uma deusa". De Waldeck dá novas aparências de realidade a essa interpretação ao incluir arbitrariamente uma cena de "Leda e o cisne" como parte integrante do ciclo e ao acrescentar elementos de iconografia "divina" a suas reconstruções, para que não nos reste dúvida de que estamos contemplando Netuno, Vulcano e outros deuses. Na edição de 1527 se joga, por um momento, com essa idéia de "os amores dos deuses", mas, como veremos adiante, só para dispensá-la sem maiores contemplações: "Marte, malatestíssimo poltrão,/ assim sobre uma mulher não se monta,/ e não se fode Vênus às cegas,/ com tanta fúria e pouca discrição/", grita a cortesã Angela Greca para seu amante, um famoso capitão, com fingida reprovação. "Não sou Marte, sou Ercol Rangone,/ — replica ele — e fodo convosco, que sois Angela Greca/."

Ao ouvir e transcrever para os leitores este fragmento realista de um diálogo amoroso, Aretino se compraz especialmente no uso de nomes de personagens reais. Além de estar violando um antigo tabu do amor cortesão que remonta à *senhal* (nome secreto ou alterado da amada utilizado pelos trovadores), está fazendo a crônica de namoros autênticos, ilegítimos, adúlteros e blasfemos, que se desenvolviam em meio à boa sociedade da Roma dos papas. Além do mais, faz-se alusão a assuntos de interesse do momento ligados às figuras que davam o que falar na época: frei Mariano, o Rosso, Ercol Rangone e Francisco I.

Os sonetos são os pedestais realistas sobre os quais repousam as gravuras idealizadas. Todos os sonetos de

Aretino são fiéis às gravuras correspondentes a eles no que se refere à posição que descrevem. O único par duvidoso (posição 16) suscita a interessante conjetura de que talvez Aretino tenha decidido considerar que a cena que encabeça seu soneto é a terceira fase de uma enérgica seqüência amorosa em que os amantes mudam constantemente de posição[15].

Em todo o caso, em *I modi* a relação entre cada poema e a gravura correspondente nunca é de simples justaposição. Há um ousado deslocamento entre os sonetos e as imagens, que obriga o olho a saltar do texto para a gravura e novamente para o texto, conferindo maior vivacidade ao conjunto. Nesses poemas dinâmicos e originais, Aretino parece obcecado por superar as representações gráficas; suas palavras se esforçam para eclipsar as gravuras, dedicando-se a distorcer, distrair, ridicularizar e afirmar, em rápida sucessão[16].

É possível que os sonetos tenham sido concebidos, num primeiro momento, como uma representação artística de uma experiência que é, antes de tudo, táctil e visual, mas logo se transformaram numa interpretação e extensão dessa experiência. Como as figuras retratadas aparecem com a boca aberta — falando, emitindo exclamações de prazer ou protestando —, e como as expressões dos rostos eram com freqüência de grande intensidade, haverá maior tentação do que a de imaginar o que estariam dizendo essas pessoas e, além disso, tomar a liberdade de fazê-lo? As mesmas posições sugerem uma grande variedade de atitudes psicológicas por parte dos amantes, dependendo de que sua união, no momento, seja natural ou não, cômoda ou forçada, voluntária ou obrigada, enérgica ou lânguida. Aretino pesquisa e imagina minuciosamente suas atitudes e intenções, num contínuo diálogo entre os casais que, sem dúvida, ele considera uma fonte de prazer para todo o mundo, inclusive os espectadores.

Aparentemente, portanto, a razão de ser do diálogo

é dar voz às ações dos amantes; mas essa voz é, com freqüência, a de Aretino, o autor histriônico. Desta forma, a cena visual se reforça com os comentários que fazem parte da ação e os que lhe são exteriores. A palavra passa do homem para a mulher, e às vezes se afasta do cenário para deixar que o próprio dramaturgo fale (como no soneto XV, em que Aretino, excepcionalmente, dirige-se diretamente ao público).

Evidentemente, os amantes falam para nós. Seu exibicionismo verbal é um componente importante de seu prazer, que complementa o visual. Se isso lhes fosse possível, arrastariam todo o mundo com eles, do mesmo modo como sonham transformar-se em órgãos sexuais: ele inteiro pau e ela inteira cona. Sem essas declarações faladas, o ato amoroso ficaria incompleto.

Fala a Vênus terrena

O que mais chama a atenção nos sonetos de Aretino é que as mulheres falam com tanta veemência quanto os homens, dando a entender que seu controle sobre a situação é igual (e às vezes superior) ao deles — o que é confirmado pelas evidências visuais. Hoje em dia é difícil nos darmos conta do quanto essa concepção era revolucionária. As mulheres tomam a iniciativa do ato amoroso, dão ordens, manifestam seus gostos até em seus detalhes mais íntimos e mostram-se não só tão exuberantes quanto os homens, mas também igualmente entendidas em questões técnicas.

Além de tudo, em *I modi* surge de maneira reveladora uma visão da nova atitude para com as mulheres. Ela aparece, em primeiro lugar, no elegante tratamento que Giulio Romano dá ao corpo feminino, captado no momento do ato amoroso, e, em segundo lugar, na audaciosa expressão do prazer feminino por intermédio de Aretino.

O impulso fundamental que moveu Giulio a criar imagens à altura da verdadeira sensualidade da beleza feminina não está muito distante das intenções de Rafael, ao projetar os desenhos de Vênus desnudas para a decoração do banheiro do cardeal Bibbiena no Vaticano e ao conceber o projeto do ciclo de Cupido e Psique na Villa Farnesina. O olhar penetrante de sua *Fornarina* infundiu nessas representações mais abstratas a irônica consciência de sua beleza das cortesãs renascentistas.

I modi vai ainda mais longe, pois aqui as cortesãs em ação continuam sendo igualmente bonitas. As formas circulares, de inspiração clássica, da cabeça e dos ombros da mulher na posição 9 e o sutil entrelaçamento de membros na posição 7 (dois amantes representados no momento de realizar um difícil passo de dança ao qual dão a aparência de ser extremamente simples) criam um efeito ao mesmo tempo elegante e dinâmico. Os membros do casal estão intrinsecamente unidos em todos os níveis: formalmente e, também, como dois corpos. A chave desses desenhos é sua reciprocidade gestual.

Observemos a maneira delicada pela qual a mulher segura o pênis do companheiro na posição 7, guiando-o suavemente para seu interior, ensinando-o ao espectador. Um encadeamento contínuo dos gestos e dos membros indica que cada componente do casal *gera* as formas que o outro adota. A cabeça do sátiro se abriga sob o braço do sátiro feminino, sua boca parece roçar o seio dela, os pés de ambos se aproximam. Além disso, ele mantém erguida uma das pernas da amante, que pode, assim, passar a mão entre as pernas para segurar seu órgão. As posições possibilitam os gestos e os gestos criam as posições. Há uma evocação dos movimentos de um bailado. Observemos como, na posição 7, o sátiro mantém uma perna estirada, a outra dobrada por baixo do corpo e os braços para cima. Para que a energia flua nas duas direções, as forças exercidas por cada um devem ser iguais, criando um movimento circular contínuo.

O fato de as mulheres destas xilogravuras parecerem estar tão incrivelmente vivas — vivas de corpo e de espírito — é ao mesmo tempo causa e efeito desse equilíbrio de forças. As protagonistas femininas são iguais aos homens, se expressam e se controlam da mesma forma, fornicam porque escolhem fazê-lo no livre exercício de sua vontade. Os artistas sublinham essa liberdade, mostrando-lhes a boca aberta, às vezes para receber um beijo, mas com maior freqüência para proferir palavras ou manifestações de alegria. Ao fazer amor, afirmam seu direito a fazê-lo, solicitando, protestando e consentindo. Este manifesto de liberdade, na boca de uma cortesã de Pádua, na obra de Francesco Pona *La lucerna* (O candeeiro), quase poderia ter saído de seus lábios:

> A liberdade é a jóia mais preciosa que uma cortesã possui, e nela estão contidas todas as coisas que deseja. De posse desse privilégio, até a infâmia lhe parece honrosa. Não estando submetida à tirania do esposo ou do pai, pode entregar-se a seus amantes sem temor de ser assassinada por questões de honra. Desta maneira, é livre para expressar seus apetites naturais e a lascívia feminina[17].

Embora as cortesãs nuas de *I modi* não se expressem com a elegância nem com a intensidade lírica de algumas cortesãs fictícias e reais do Renascimento italiano, seu discurso de grosseira franqueza é algo mais do que a paródia do "estilo elegante", uma vez que salienta uma verdade realista; as mulheres não são de modo algum destratadas. Em uma ou duas ocasiões chegam a aparecer degradadas — como no soneto VIII, quando a mulher diz que "todos os paus de mulos, asnos e bois" não conseguiriam saciar seu ardor —, mas em geral surgem enaltecidas e triunfantes[18].

As cortesãs de *I modi* têm sua própria idéia de discrição. Talvez essas mulheres sejam tão complacentes por saberem que nunca o prazer lhes será negado. De fato, ele está sempre à sua inteira disposição; elas mesmas sabem como provocá-lo. Em vários sonetos, a cortesã vigia atentamente o prazer do amante, guiando-o até sua culminação adequada. Outro exemplo surpreendente aparece no soneto XIII, em que um orgasmo simultâneo ocupa seis linhas do texto.

Ao apresentar dois discursos que se desenrolam ao mesmo tempo, Aretino força um efeito dramático. O homem e a mulher se interrompem continuamente. No último verso, o homem profere duas exclamações que marcam o suspiro final da mulher. No entanto, parece que é a mulher que dirige a busca do prazer, tanto por ela ser como é — presumivelmente bonita e desejável — como por suas palavras e seus atos. Ela é o motor tanto da ação como de sua representação verbal.

O que a mulher diz para indicar que deseja alcançar o orgasmo, e que está prestes a fazê-lo, é repetido pelo homem três versos depois: "E eu..." O prazer e sua expressão, por parte do homem, seguem a forma que têm na mulher; "E vós sois a razão", afirma ele com convicção. A mulher é, além disso, a cronista dos fatos. Três tempos — passado, presente e futuro ("Então acabareis", "Agora, acabo agora...", "agora acabei") — sucedem-se rapidamente em sua boca, à medida que o indica ao amante, que vai acompanhando seu ritmo, sabendo exatamente em que ponto do processo ela se encontra, e portanto os dois.

Quando eles "o dizem" em uníssono ao final do soneto, a linguagem chega à expressão mais acabada que é capaz de oferecer da experiência da simultaneidade.

Voyeurismo

Uma das características notáveis de *I modi* é a freqüência com que os amantes se vigiam um ao outro por meio de complicados procedimentos. Chega-se quase ao paroxismo no afã de explorar todas as possibilidades no que diz respeito a observar e escutar os outros. Em primeiro lugar, vemos como Aretino observa Giulio Romano, que por sua vez observa como os amantes o fazem mutuamente. Os amantes olham sem pudor os órgãos sexuais do companheiro, e às vezes os seus próprios; mas, ao mesmo tempo, ocorrem muitas outras coisas mais sutis, como por exemplo na posição e no soneto IX.

Essa posição, uma das mais difíceis da série, é um dos *modi* em que De Waldeck cometeu um erro. É verdade que a xilogravura 9 mostra uma posição anatomicamente impossível, mas há razões para se acreditar que esteja bastante próxima do original. Ao que parece, o conde reconstruiu essa imagem principalmente a partir de uma cabeça e um braço femininos, que é um dos fragmentos atualmente conservados no Museu Britânico. Já de início, ao examinarmos esse desenho, vemo-nos inclinados a pensar que De Waldeck não tinha à sua frente o soneto, pois o texto de Aretino lhe teria informado que o homem do casal está humoristicamente virado, com "as mãos onde estão os pés". Além disso, supõe-se que o homem esteja contemplando o traseiro da mulher. A xilogravura mostra uma ligeira variação: o homem girou a cabeça para ver como a parceira o observa; ambos estão ocupados em atividades paralelas, pois ela não pode ver seu rosto sem ao mesmo tempo dirigir o olhar ao traseiro *dele*.

A impressão é de que estão acontecendo várias coisas ao mesmo tempo: o homem está olhando o traseiro da mulher enquanto esta olha o dele; o homem fala dessa ação ao mesmo tempo que a realiza. No instante concreto representado na xilogravura, ela observa como ele a observa observando-o. Dessa maneira, cada um deles observa a contemplação a que o outro está se dedicando e se certifica de que o outro a está "efetuando". Enquanto isso, como já disse, o casal está sendo observado por Aretino e por nós, duas vezes espectadores.

Mas Aretino é mais do que um *voyeur*; também é um *ausculteur*, alguém que ouve às escondidas. Depois de recolher a conversa dos dois como num gravador, faz com que nós a ouçamos também. Enquanto os amantes observam, fazem amor e falam, ele nos oferece uma emissão da função transmitida por rádio e televisão. Ao observar diretamente, mas também através de seus olhos, ao mesmo tempo que o ouvimos ouvir, transformamo-nos em *voyeurs* e *ausculteurs*, participamos da ação.

Por que se considerou necessário implicar os espectadores e ouvintes de maneira tão complexa, psicologicamente falando? O que está acontecendo, exatamente, nessa posição picante? As formas harmoniosas da posição 9, os majestosos semicírculos desenhados pelos braços da mulher em torno do perfil de sua cabeça, lembrando a estátua de Ariadne adormecida, que na época podia ser vista do pátio do Belvedere do Vaticano, ocultam parcialmente a violência que se percebe nesta cena, imediatamente abaixo da superfície. Podemos encontrar uma indicação do que está ocorrendo, ou prestes a ocorrer, ao examinarmos as costas musculosas e maravilhosamente modeladas do homem. Se o fizermos com atenção, veremos que o homem segura na mão direita uma espécie de correia ou de tira de pano. Como nenhuma das outras posições apresenta qualquer tipo de parafernália erótica, demoramos alguns instantes para compreender que pode tratar-se de um chicote improvisado.

Neste caso, o soneto nos ajuda a esclarecer a situação. Num típico exemplo de protestos fingidos, a mulher se queixa da disposição de seus corpos, afirmando que prefere fazer amor com o peito do homem sobre o seu; mas, enquanto isso, o companheiro recebeu a acusação de "bestialidade" lançada por ela e a transformou, talvez perversamente, num plano para seu prazer, que pensa em executar imediatamente.

De fato, por meio de uma sucessão de ações relacionadas com o traseiro da mulher, procura lhe proporcionar deleite prolongado. Para isso, utiliza suas mãos e seu pênis, e se permite açoitá-la ou flagelá-la levemente[19]. É isso que ordena a ciência do amor.

O amor tem uma lógica própria. A cena convincente que se apresenta diante de nossos olhos, junto com a sensação de feroz necessidade que emana dela, confere à experiência um caráter universal e irresistível. Também nós caímos vítimas do feitiço de Priapo e de boa vontade nos tornamos seus súditos. O fato de nos embrutecermos momentaneamente, do mesmo modo que os amantes, faz parte da grave brincadeira que Aretino e os artistas nos prepararam.

Desse ponto de vista, parece que não é por acaso que o protagonista masculino dessa xilogravura tem as orelhas pontiagudas e uns cachos abundantes e revoltos, formando uma espécie de topete, característico dos faunos e sátiros. O homem da posição 7 apresenta uma versão mais animalizada dessas características, acompanhadas de uma barba. Essa posição baseia-se num detalhe de uma *Bacanal* (prancha G-2), extraída de um antigo sarcófago que atualmente se encontra no Museu Nacional de Nápoles. Nessa cena, uma figura priápica dispõe-se a penetrar um sátiro feminino por trás, enquanto ela apóia um pé num pedestal e se agarra aos cachos da estátua para manter o equilíbrio.

Encontramos outra variação do tema do *voyeur* na posição 11, na qual uma velha alcoviteira, sem dúvida antiga cortesã, olha furtivamente pela janela; nessa cena, o homem contempla o interior da coxa da mulher, embora isso se deva em parte ao fato de ele ter de inclinar a cabeça em seu esforço para manter as pernas dela levantadas. Aqui nos surpreendemos espiando a alcoviteira, que por sua vez está espiando os amantes. A alcoviteira, figura de repertório na literatura cortesã e personagem familiar nas pinturas e gravuras do norte, provavelmente só está se certificando de que sua patroa — uma "honrada cortesã" abastada que mantém seu próprio negócio — está bem, ou talvez esteja advertindo os amantes de que alguém se aproxima.

Neste ponto devemos ter o cuidado de separar as intenções de Giulio Romano daquelas de Aretino. Para os costumes da época, nada havia de mais natural do que a presença da alcoviteira para certificar-se de que tudo estava bem, ou até por simples curiosidade, mas Aretino trata-a como uma intrusa e praticamente manda-a para o inferno. No entanto, ele é tão *voyeur* quanto ela pode ser.

Enquanto a posição 9 é a cena de *voyeurismo* mais complexa do ponto de vista puramente físico, a posição 11 é a mais complexa conceitualmente falando. O soneto começa com uma ordem relacionada à visão:

> *Abre as coxas para que eu veja bem*
> *teu belo cu e tua cona de frente,*

ordena o amante à cortesã. Depois, cumula de cumprimentos as duas coisas e continua dizendo:

> *Enquanto vagueio, eis que me vem*
> *vontade de te beijar de repente,*
> *e sinto-me mais belo que Narciso*
> *no espelho que meu pau alegre segura.*

Este uso deliberadamente grotesco da fábula *As metamorfoses* nos coloca a seguinte questão fundamental: será que o *voyeur* (ou seja, o artista, o poeta) acaba por enxergar apenas a si mesmo?[20]

Os aspectos cômicos desse processo — o movimento circular que retorna ao eu do qual ele parte e o reflexo desse eu no objeto mais abjeto e, ao mesmo tempo, mais nobre de todos — chamam intensamente a atenção também em outra posição, a 14, na qual nos são mostrados os amantes fornicando enquanto Cupido puxa o carrinho em que se encontram. Se fosse necessária alguma prova de que a mitologia está presente de maneira subterrânea em *I modi*, sem nunca conseguir disfarçar as figuras e as cenas, que pelo contrário são um comentário sobre aquela, este espetáculo absurdamente acrobático o confirmaria. A concepção dessa posição também supõe uma homenagem à recuperação das formas clássicas no Renascimento, especialmente da esfera, considerada a mais perfeita. Joga-se deliberadamente tanto com o conceito de circularidade como com a forma da esfera. As cabeças de Cupido, do homem e da mulher criam uma tripla circularidade, assim como os três traseiros, considerados também como formas redondas em si mesmas (objetos lindamente arredondados). Além disso, existe um círculo de olhares; no caso da mulher, ela dá as costas ao companheiro para observar seu pênis, que segura na mão. Cupido também olha para trás, fechando o círculo. Além disso, um "véu" à maneira clássica, ou pelo menos uma tira de pano, cai em semicírculo da cama improvisada, enquanto a mulher mantém a cabeça do homem erguida, apoiando-a numa faixa.

A utilização de elementos formais sagrados com fins tão imprevisíveis provoca uma sensação de espanto difícil de ser explicada. Os próprios artistas parecem maravilhar-se de que a beleza seja antes de tudo corporal e de que a posição para o amor, mesmo o mais violento e ridículo, siga essa configuração circular.

Mas, enquanto a transcrição visual do "cu perfeito" possui um delicado equilíbrio, Aretino carrega excessivamente as tintas nos sonetos. De fato, tanto os desenhos como os textos levantam uma questão crucial em relação a *I modi*: parecem ter sido realizados com perversão (refiro-me a uma obsessão pela sodomia — penetração anal).

A sodomia

A sodomia era um fenômeno social de grande importância durante o Renascimento. A aparente obsessão de Aretino por ela — que é evidente nos sonetos — e o fascínio que demonstra pelas alternativas e mecanismos substitutivos (a cona *vs.* o cu) refletem a ideologia de uma elite da qual faziam parte muitos escritores e artistas famosos da época.

Entre os documentos mais notáveis da literatura italiana do Renascimento que incluem propaganda a favor da sodomia está o diálogo *La cazzaria* (Sobre o pau), de Arsiccio Intronato, pseudônimo de Antonio Vignali de Siena. Esta obra curiosa nos leva a crer que a sodomia como ideologia constituía a essência da natureza da Academia degli Intronati — associação cultural exclusiva de Siena —, pelo menos numa fase de sua história[21]. Tratar-se-ia de uma espécie de associação maçônica, com ritos de iniciação em que a sodomia desempenhava papel importante? Não há dúvida de que naquela época existiam irmandades literárias de elite, com tendências explicitamente homossexuais, sobretudo na Toscana.

Apesar dos decretos ferozes proibindo a sodomia (um crime que, na opinião das autoridades venezianas, havia desencadeado as iras divinas sobre as cabeças de todo o povo), esta continuava sendo praticada na alta sociedade. Havia pessoas que informavam sobre seus vizinhos, atraídas pelas recompensas; quase nenhuma personalidade pública livrava-se de alguma calúnia de caráter sexual. Os escritores renascentistas comprraziamse especialmente em acusar uns aos outros de atos abomináveis. Niccolò Franco, discípulo de Aretino que se tornou seu inimigo ferrenho, escreveu um livro de poemas e *La Priapea*, com noventa e nove sonetos nos quais se estendia sobre o tema do homossexualismo de Aretino e seu gosto pela sodomia[22] (lembremos que Aretino viveu em Veneza desde 1527 até sua morte, em 1556), que era apenas um aspecto de sua vida sexual.

A relação das cortesãs com a sodomia é bastante complexa. Para dissuadir desse vício, animavam-se as prostitutas venezianas a se exibirem na chamada Ponte das Tetas de Carampane (o gueto das cortesãs), nuas da cintura para cima para atrair os clientes. *La bella e dotta difesa delle donne di messer Luigi Dardano gran cancelliero dell'Illustrissimo senato Vinitiano, contro gli accusatori...* (A bela e douta defesa das mulheres, do sr. Luigi Dardano, grande chanceler do ilustríssimo senado veneziano, contra os acusadores...) é um dos mais extraordinários tratados renascentistas em defesa das mulheres. Escrito pelo cidadão de maior categoria (que não era membro da nobreza) da República, sua intenção era não só exaltar o sexo feminino como também atrair os homens, afastando-os do homossexualismo e da sodomia, para os braços "naturais" das mulheres.

Mas, embora as autoridades esperassem que as cortesãs lhes fossem úteis como medida corretiva, como poderiam essas mulheres evitar a sodomia na realização de seu ofício? As cortesãs desfrutavam uma liberdade considerável e certa independência econômica. No entanto, seu prestígio social precário e sua vulnerabilidade diante das perseguições judiciais obrigavam as cortesãs de Roma, de Veneza e de outros lugares a terem grande flexibilidade, para se defenderem ao mesmo tempo do governo, por um lado, e dos amantes que pudessem maltratá-las, por outro.

Veronica Franco, em seu duelo verbal com seu amante-adversário Maffio Venier, em certo momento se gaba de sua força:

Quase não tendes possibilidade de nos vencer
Dispostas à batalha, firmes em nossa sabedoria[23].

Mas, em outro lugar, queixa-se da vulnerabilidade das cortesãs:

> ... comer com a boca de outro, dormir sob os olhos de outro, agir conforme os desejos de outro... Que maior miséria pode haver?[24]

Seu engenhoso ataque contra Maffio por causa da inclinação deste último pela sodomia toma um rumo singular. Será possível que o esteja animando a praticar o amor como é devido?

Vejo-me obrigada a defender todas as mulheres contra vós
Que já não sois inclinado a elas[25].

Para ser cortês, às vezes não resta à cortesã outro remédio senão praticar a sodomia. Essa sombra de necessidade obscurece um pouco a imagem luminosa da mulher liberada à qual nos referimos acima. É possível que muitas delas o aceitassem de bom grado, seja porque a penetração anal fosse um bom método anticoncepcional ou porque seu sexo já estivesse terrivelmente danificado. Mesmo assim, vale a pena registrar que, na Veneza da época, cada distrito da cidade constituiu uma comissão especial para a sodomia, cuja função era informar as autoridades sobre qualquer indício de "cus rompidos".

A sodomia também podia servir para castigar e desprestigiar as cortesãs que quebravam os pactos não escritos que faziam com seus amantes. Também eram perpetrados estupros em massa de caráter sodomítico, chamados "trinta e um", até mesmo contra "honradas cortesãs" como Angela del Moro, sobre a qual sabemos, no entanto, que pouco depois dessa desonra comeu em companhia de Tiziano, Sansovino e Aretino.

As cortesãs de Aretino em *I modi* mostram atitudes diversas em relação a esse fenômeno. O poeta insiste várias vezes na possibilidade de alternar a forma natural de fazer amor com uma mulher com a antinatural; o que o fascina é exatamente essa alternativa, assim como a possibilidade de fazê-lo das duas formas. Em muitas ocasiões as mulheres tomam a iniciativa, mas nunca devemos esquecer que Aretino tem o hábito de pôr palavras na boca dos outros. É significativo que a sodomia, pelo menos sua possibilidade, reflita-se em parte do material gráfico. Os desenhos de Giulio Romano deixam uma ampla margem à interpretação, mesmo que as xilogravuras não sejam totalmente explícitas nesse sentido. Também De Waldeck nos proporciona pelo menos uma cena muito sugestiva dessa natureza (ver ilustração correspondente à posição 16)[26].

Não há dúvida de que essa ambigüidade das imagens, carregadas de possibilidades e surpresas, é o que atormenta Aretino. Ele e os escritores de seu círculo gracejavam com freqüência sobre esse dilema e valiam-se de comparações equivalentes às utilizadas por eufemismos humorísticos populares para referir-se à alternativa cona/cu.

Num soneto apócrifo de Aretino, a parte da frente recebe o nome de "lugar honesto", dando a entender que o outro é o "lugar desonesto". Evidentemente, há pelo menos duas razões que explicam essa curiosa obsessão pela questão de na frente ou atrás, que têm a ver com os costumes sociais da época.

Primeiramente, o fato de que o *locus* do prazer pudesse ser intercambiável facilitava o jogo de transformar uma moça em um rapaz, algo desfrutado por mais de um amante do Renascimento. As cortesãs adotaram o costume de se vestir de homens. Uma gravura do século XVI que mostra atavios cortesãos inclui uma saia dobrada para cima, deixando aparecer por baixo dela um par de calções masculinos. Esses disfarces ajudavam as mulheres a passear pela cidade mantendo o anonimato e, ao mesmo tempo, permitiam-lhes satisfazer o capricho daqueles homens que preferiam Adônis a Vênus, que tinham prazer especial em possuir uma mulher imaginando que se tratava de um rapaz.

Em segundo lugar, cada parte sexual simbolizava um estilo particular. Como indicam dois dos *Sonetos luxuriosos*, a cona é o caminho fora de moda, ao passo que o cu é o novo caminho *dei grandi*, ou seja, dos grande nobres e prelados; mas, apesar de sua posição elevada, os adeptos desse vício formavam necessariamente uma elite clandestina.

São interessantes as implicações classistas. Por que se haveria de considerar aristocrático o caminho traseiro e plebeu o dianteiro? A única coisa que me ocorre é que se trataria de uma combinação de uma prolongada prática clerical com o homossexualismo "humanista", mas restam ainda elementos a serem esclarecidos.

Há ainda um terceiro impulso subjacente a essa alternância obsessiva das duas zonas sexuais ao longo de todo *I modi*. Nos *Sonetos luxuriosos* força-se a impressão de que estas duas práticas amorosas são intercambiáveis, o que não é verdade, é claro. Aretino finge que é possível, por engano, entrar em um orifício em vez de entrar no outro. Além de estar de acordo com os gostos extremados e violentos da época, essa fantasia representa uma aspiração ao universal típica de muitas experiências renascentistas.

Fingindo não saber onde se está, pode-se estar em todo lugar; fingindo não saber quem se é, pode-se ser qualquer coisa. Se é verdade que durante um breve lapso de tempo (a duração do coito) um homem pode ser e experimentar todas as coisas, não seria natural tentar ampliar, repetir, prolongar e variar o ato sexual o mais possível para se poder ter contínuo acesso a essas sensações?

Sem dúvida, se fôssemos apenas sexualidade, se realmente fosse possível todo o nosso ser transformar-se num

PRANCHA H. Agostino Carracci (1557 - 1602), *Sátiro açoitando uma ninfa* (gravura da série *Lascívia*), Departamento de Gravuras e Desenhos do Museu Britânico (1867-4-13 540 PSO 41150) (Bartsch 18, I, 133; Bohlin nº 186). Na arte renascentista italiana encontramos ocasionalmente cenas de açoitamentos com conotações eróticas, o que apóia minha hipótese de que o homem que segura na mão uma faixa de pano, na posição 9, tem intenções semelhantes.

órgão sexual ativo — como se fantasia no soneto VI —, a conseqüência inevitável seria a aniquilação da personalidade e, em última instância, a própria morte. Foder *ad motum perpetuum* é uma contradição evidente em termos da existência biológica individual.

Não é possível ter tudo; só é possível sonhar com isso. Do mesmo modo, não é possível transformar uma moça num rapaz, só se pode fazer de conta. As substituições, as identidades equivocadas, os disfarces, as alternâncias, os intercâmbios e as séries: todas essas são operações que proporcionam variedade e a aparência de um infinito prolongamento, que dão vitalidade a *I modi* e fazem dele o que é, ou seja, a engenhosa apresentação de um potencial aparentemente infinito.

Conclusão

Para concluir, *I modi* propõe um mundo alternativo ao da vida decorosa da Corte: um mundo escandaloso, pecaminoso, herético, profano, blasfemo e, entretanto, herdeiro do humanismo. Nele as forças naturais são consideradas divinas e o homem, ao adotar a aparência e o espírito dessas forças, faz-se imortal.

Essa representação de uma utopia terrena também tem seus perigos. A projeção do próprio indivíduo e de seus contemporâneos nas imagens míticas de outra civilização anterior denota um certo infantilismo, mas neste caso está vinculado a uma arte madura.

Serão os traseiros nosso próprio retrato? Então, que correspondam ao ideal: esferas perfeitas exibindo-se nas posições mais voluptuosas. Permitamo-nos, pois, imaginar um número infinito de variações para a posse; permitamos que o poder transformador da arte conceba amantes acasalados, entrelaçados em bailados de gestos e de partes do corpo.

O impulso narcisista que atravessa todo *I modi* é ao mesmo tempo uma fantasia poética, uma recuperação histórica e um dilema existencial. Já não fazemos amor com os deuses? Então havemos de invocar um mundo dionisíaco. Ao fazer amor, chegamos quase a nos transformar nos próprios deuses; ao criar ícones que representem esse ato, colocamos diante de nossos olhos a própria prova de nosso poder de auto-renovação. Por acaso o falo não é o símbolo da ressurreição, conforme sugere alegremente Aretino no soneto I? Não é de estranhar que as estátuas priápicas vigiem as camas e sirvam de escudo contra o mal, circunscrevendo a experiência em seus limites mágicos enquanto os amantes, engenhosamente entrelaçados, formam um círculo encantado.

Mas a arte acaba fracassando em sua intenção de reter a sexualidade. O emprego de termos obscenos por parte de Aretino é uma vã tentativa de comunicar diretamente a realidade de *cazzo*, *potta*, e *culo* ao leitor. "Acaba tão depressa", "não pode ser retido". Em *I modi* tenta-se fazer o impossível por meio de uma imitação do próprio ato da cópula.

Se os sonetos distorcem a narração visual, as imagens, por sua vez, nunca poderiam coincidir com a realidade tal qual acontece na Natureza, e esse ato é em si mesmo uma repetição *ad infinitum* de inúmeros atos semelhantes.

Priapo é impotente diante do espetáculo do *eros* eternamente esquivo. O artista e o poeta só podem explorar esses momentos e abranger alguns segmentos da grande trajetória do amor. Daí o alento de pessimismo que atravessa a obra de tantos escritores renascentistas dedicados ao amor e "à mercê das cortesãs". Não só é difícil tê-lo inteiro, também é difícil ter qualquer parte dele durante muito tempo.

I modi é uma tentativa de se adaptar e de adotar esse movimento e essa mudança contínua. Trata-se de fazer um esforço para chegar não à unidade original (como no caso dos mitos da Antiguidade), mas a uma dinâmica de a dois: um doce e perpétuo antagonismo que só momentaneamente assume a aparência de repouso.

Esta alegre batalha reflete-se claramente na interpenetração dos aspectos visuais e verbais de *I modi*; as imagens e as palavras unem seus esforços, numa síntese tipicamente renascentista, para reproduzir a experiência do amor. Quem poderia negar que, mesmo hoje em dia, essas cenas provocam a curiosidade e nos levam a interrogar-nos?

Aquilo que os poemas destacam encontra uma base nas gravuras e vice-versa. O fato de aqueles seres humanos nus, com sua evidente carência de atributos divinos, serem as cortesãs e seus amantes, num momento histórico determinado, suscita nossa aprovação e desperta nossa cumplicidade.

Notas ao Capítulo 3

1. Paul Larivaille, *Pietro Aretino fra rinascimento e manierismo*, Roma, 1980, p. 70.

2. Pietro Aretino, *Lettere il primo e il secondo libro*, ed. Francesco Flora, Milão, 1980, vol. 1, pp. 399-400. Os grifos são meus.

3. Cf. C. M. Briquet, *Les filigranes: dictionnaire historique des marques du papier dès leur apparition vers 1282 jusqu'en 1600*, Paris-Genebra, 1907, pp. 454-593.

4. Em *Tiziano e Venezia*, Veneza, 1976.

5. Cesare Fregoso, pertencente a uma nobre família genovesa, chegou a ser tenente-general das tropas francesas na Itália. Era um mecenas de artistas e escritores, entre os quais se destaca Matteo Bandello, o escritor de histórias breves.

6. Alessandro Luzio, *L'Aretino nei suoi primi anni a Venezia e la corte dei Gonzaga*, Turim, 1888, pp. 63 ss., documento iii.

7. Ver Mark Roskill, *Dolce's "Aretino" and Venetian Art Theory of the Cinquecento*, Nova York, 1968. O tratado de Dolce data de 1557.

8. Philippe Lemarchand e Louis Dunand, em *Les compositions de Jules Romain intitulées "Les amours des dieux" gravées par Marc-Antoine Raimondi*, Lausanne, s.d., pp. 193-261, insistem em que em *I modi* havia vinte posições. No entanto, os autores nunca tive-

ram a oportunidade de ver a edição de 1527. No volume II de sua série têm a intenção de incluir vinte gravuras de Jacopo de Caraglio, vinte de Giulio Bonasone (dezenove mais um frontispício) junto com grupos de gravuras de temas similares de Cornelis Bos, Virgil Solis e outros. No volume III incluíram vinte gravuras de Agostino Carracci.

9. A edição "crítica" de Alcide de Bonneau, publicada por Isidore Liseux em Paris, em 1882, é a que mais se aproxima de um plano sério de reconstrução da história completa dos *Sonetos luxuriosos*, mas é desfigurada por um longo estudo introdutório cheio de erros e pelo fato de esse cânon dos originais de Aretino (cujo número é corretamente estimado em dezesseis) omitir dois dos sonetos que aparecem na edição de 1527, incluindo outros dois que quase com certeza não faziam parte da série original, supondo-se que sejam obras de Aretino.

Os dois sonetos omitidos por Bonneau em sua seleção do cânon são os de números XV e XVI, segundo minha numeração dos poemas de 1527, que agora inclui as reconstruções (sonetos V e VI). O soneto XV ("Veja todo aquele a quem, ao trepar, desagrada") é incluído por Bonneau num grupo de nove, que ele denomina "edições modernas". O soneto XVI ("Tu, com pernas no pescoço, no cu"), tanto que eu saiba, não voltara a ser publicado depois dessas primeiras edições; os leitores, nesta obra, têm a oportunidade de lê-lo pela primeira vez.

Além disso, os dois sonetos do Epílogo — que, sem dúvida, não são obra de Aretino — aparecem em outro lugar na edição de Bonneau: "Tereis visto todas as relíquias" num grupo de cinco que, segundo ele, foi acrescentado por antigos editores; "Estes vossos sonetos feitos de paus" na seção de "edição moderna".

O cânon de Bonneau baseia-se na chamada "edição de Ancona" dos sonetos, a primeira das edições modernas em nosso poder: *Recueil de pièces choisies rassemblées par les soins du Cosmopolite (Anconne chez Uriel Bandant à l'enseigne de la Liberté, 1725).* Essa edição foi publicada, de fato, na França, e Apollinaire, em sua edição dos sonetos, nos proporciona alguns dados interessantes sobre ela.

Outras edições importantes dos sonetos no século XVIII incluem *Dubbii amorosi, altri dubbi e sonetti lussuriosi* (Nella Stamperia del Forno, alla Corona de Cazzi) [Edições do Forno, na Coroa de Paus], Paris (Grange), 1757; *Sonetti lussoriosi* [sic], Veneza, 1779; *Dubbii...*, Paris (Girouard), 1792 (mas na verdade publicado em Roma).

Dois interessantes descendentes de *I modi*, publicados em 1787 e 1800, respectivamente, e de importância para a história da arte pornográfica — *L'Arétin François* e *L'Arétin d'Augustin Carrache* —, são estudados na obra de L. J. Hubaud, *Notice bibliographique sur un recueil de sonnets italiens de Pierre Arétin,* Marseille, 1857. Alguns desses sonetos apócrifos são extremamente sugestivos do ponto de vista pictórico, como os dois que descrevem um homem e uma mulher fazendo amor, com um bebê no quarto: em um deles, a mulher balança o berço com o pé livre; no outro, dá de mamar ao bebê enquanto o amante lhe oferece outro tipo de "leite".

10. Além de todos os fragmentos do Museu Britânico se encaixarem nos desenhos de De Waldeck, as expressões dos rostos, os penteados e muitos outros detalhes mostram uma semelhança notável. O fato de a reconstrução do conde também corresponder às xilogravuras na maioria dos casos dá ainda maior credibilidade à idéia de que De Waldeck deve ter visto algo muito parecido com os originais de Marcantonio. Observemos também que os desenhos de De Waldeck têm a mesma orientação dos fragmentos de gravuras, ao passo que as xilogravuras estão invertidas (o que aparecia à esquerda está à direita).

Dez das imagens de De Waldeck correspondem exatamente às xilogravuras; duas têm pontos de semelhança importantes (9 e 15), enquanto duas das xilogravuras não correspondem a nenhum dos desenhos do século XIX (3 e 16). Como De Waldeck acrescentou mais quatro ilustrações, de acordo com a idéia de Vasari de que originalmente havia vinte gravuras e não — como diz Aretino — dezesseis, temos no total oito imagens duvidosas, duas das quais poderiam muito bem ser versões das xilogravuras perdidas. Conforme observará o leitor, realizei reconstruções das gravuras e dos poemas que faltam baseando-me em: a) fragmentos que sobraram, b) reconstruções de De Waldeck e c) sonetos que sobraram. (Ver pranchas E e C e posições 5 e 6.)

11. As cortesãs romanas eram um pouco diferentes das venezianas, por estarem condicionadas pela estrutura de poder da Corte papal. Embora a sociedade as exaltasse, seu papel se desempenhava necessariamente na sombra, embora em caráter semi-oficial. A cultura que ostentavam era um sinal distintivo. Em Veneza, ao contrário, a cultura cortesã integrava-se na vida das classes superiores de maneira mais orgânica. Não é por acaso que esta República foi o berço de duas poetisas importantes, que eram ao mesmo tempo mercenárias de *Eros*: Gaspara Stampa e Veronica Franco. Talvez possamos dizer que, enquanto as cortesãs romanas detinham com freqüência muito poder, as venezianas se beneficiavam daquela mesma liberdade que Pietro Aretino foi desfrutar em Veneza depois do Saque de Roma (1527).

As leis venezianas referentes à prostituição em todos os níveis foram reunidas num valioso compêndio que pode ser lido como um romance, tal sua humanidade e seu humanismo. Ao que parece, a República preocupava-se sobretudo em proteger as cortesãs e prostitutas contra os abusos por parte daqueles que as contratavam ou eram contratados por elas. O Estado estabeleceu com essas mulheres um "contrato" flexível e sujeito a mudanças contínuas; este era muito permissivo e, às vezes, até alentava vigorosamente suas atividades.

12. Capponiano: 140, cc. 78-109.

13. Para explicar ao leitor curioso o significado dessas expressões freqüentemente enigmáticas, permitam-me citar toda a passagem referente a *I modi* do diálogo pseudo-aretiniano *Maddalena e Giulia*. A estranha posição 35 foi a inspiração para uma das ilustrações apócrifas que se tornou bastante popular nos séculos posteriores.

> *Giulia*: Vamos ver se sou capaz de lembrar todas as maneiras. A Primeira é quando o homem e a mulher estão em pé, apoiados no chão e um de frente para o outro; chama-se "o gatinho".
>
> *Madd.*: Também se chama "fazê-lo em pé".
>
> *Giulia*: Esse nome também é utilizado para a posição em que o homem e a mulher estão em pé, tal como acabei de descrever, mas a mulher levanta uma perna; também é chamada "o grou".
>
> A Terceira é parecida. Eles continuam frente a frente, mas a mulher levanta as duas pernas; chama-se "a porta de Anteu".
>
> A Quarta é quando a mulher dá as costas ao homem e se dobra para a frente, para que ele possa enfiá-la no gatinho dela.
>
> *Madd.*: Há duas maneiras de fazê-lo: a primeira é quando o homem passa seus braços por baixo dos braços da mulher estando em pé atrás dela e, juntando as duas mãos em seu pescoço, a faz inclinar-se para a frente; é "à alemã". A outra, Quinta de nossa lista, é quando a mulher se apóia com as mãos no chão, e chama-se "deixando a ovelha pastar".
>
> A Sexta é quando o homem está sentado e a mulher em pé na sua frente, com as coxas escarranchadas sobre as pernas dele; chama-se "fazendo velas de serrim".
>
> A Sétima é quando a mulher está nessa mesma posição, mas mantém as pernas para o alto, com os pés perto das nádegas do homem; chama-se "a árvore".
>
> A Oitava é quando a mulher se senta no colo do homem com os ombros apoiados em seu braço direito e as duas pernas sobre sua coxa esquerda e sob seu braço esquerdo; chama-se "o bebê adormecido".
>
> A Nona é quando a mulher está sentada e o homem em pé entre suas coxas, enquanto ela mantém as pernas estiradas e os pés no chão; chama-se "estirada". Entretanto, quando ela levanta as duas pernas e envolve com elas a cintura do homem, chama-se "na prisão", nossa Décima posição.
>
> A Undécima é quando o homem sustenta uma das pernas da mu-

lher por cima de um de seus braços e a outra perna por baixo, junto a seu quadril; esta se chama "a gaita sentada". Por outro lado, quando ele levanta as duas pernas da mulher com seus braços, temos a número Doze, conhecida como "pernas em torno do pescoço de frente".

A Décima Terceira é quando o homem abre com as duas mãos os lábios do sexo da mulher e o traz ao encontro de seu sexo; chama-se "*Galza-Borracchino*". [Por enquanto não nos foi possível traduzir esses termos obscuros.]

A Décima Quarta é quando o homem em ereção corre ao encontro da mulher e penetra em seu sexo; chama-se "o torneio".

A Décima Quinta é quando a mulher e o homem mantêm as pernas bem abertas e estiradas e o homem deita por cima da mulher; chama-se "a planta".

A Décima Sexta é quando a mulher levanta os calcanhares e os mantém perto das nádegas; chama-se "a rã".

A Décima Sétima é "as gaitas emborcadas": sempre foi minha posição favorita, do mesmo modo como me agradava "pernas em torno do pescoço deitados", a número Dezoito.

A Décima Nona é quando o homem deita sobre as costas e a mulher deita sobre ele; chama-se "à Giannetta".

A Vigésima é quando a mulher deita sobre o estômago e o homem deita sobre ela; chama-se "andrógina".

A Vigésima Primeira é quando o homem e a mulher deitam de lado frente a frente; chama-se "de perfil".

A Vigésima Segunda é quando o homem segura uma das pernas da mulher por cima de seu quadril; chama-se "o gatinho brincalhão".

A Vigésima Terceira é quando a mulher põe uma perna por cima do quadril do homem e a outra erguida por baixo; chama-se "por trás na cona" [provavelmente a mulher está deitada de lado].

A Vigésima Quarta é quando a mulher deita de costas e o homem de lado, atravessado ao corpo dela, enquanto ela mantém a perna para o alto por cima das nádegas do homem; chama-se "*Ricco in Fume*". [Por enquanto, não nos foi possível traduzir esses termos obscuros.]

Mas, quando o homem deita sobre as costas e a mulher sobre ele, segurando seu órgão em seu sexo, se ela vira o rosto chama-se "cavalgando um asno"; se ela lhe volta as costas chama-se "ao estilo do mensageiro", e se ela deita de lado atravessada nele chama-se "à maneira da albarda": estas são a Vigésima Sexta, a Vigésima Sétima e a Vigésima Oitava.

A Vigésima Nona e a Trigésima são aquelas em que o homem deita na cama com as pernas muito abertas, enquanto a mulher passa as pernas por baixo das coxas dele e ambos se abraçam forte; nós a chamamos "à moura". [Esta posição não está clara.]

A Trigésima Primeira é quando a mulher está deitada de costas e o homem em pé, e ela empurra suas nádegas para fora da cama; esta se chama "propor uma discussão".

Se ela está deitada sobre as costas e mantém as pernas fora da cama apoiadas na parede, com o homem em pé entre suas pernas enquanto ela ergue uma perna e abaixa a outra, chama-se "atuando com teus pés". Mas, se ela está deitada sobre o estômago e estende as duas pernas sobre os ombros do homem, chama-se "pernas em torno do pescoço por trás", nossa Trigésima Terceira maneira.

A Trigésima Quarta exige que se golpeie com os calcanhares as nádegas do homem no momento exato em que ele estiver prestes a ejacular; chama-se "o calcanharzinho".

Nunca experimentei a Trigésima Quinta, só ouvi falar dela: o homem deita de costas no chão enquanto a mulher é baixada até ele numa cesta de vime pendurada numa corda amarrada ao teto, sendo que uma de suas extremidades sustenta o homem. A cesta tem um buraco, e, depois que ele enfiou seu sexo o quanto quis no gatinho, firma a corda para que ela não possa descer mais e gira a cesta enquanto o fazem; chama-se "o tambor".

A puta errante (estrofe 32) contém uma simples lista em que são repetidas várias das posições mencionadas acima e acrescentadas uma ou duas novas:

Alguns o fazem com as pernas em torno do pescoço, outros à Gianetta,
Alguns gostam da rã, do grou, do gatinho por trás,
Da igreja no campanário, ao estilo do mensageiro,
Do pênis pela frente, do pênis por trás,
E de todas as maneiras que as pessoas gostam de fazê-lo,
Às vezes falando e outras em silêncio.
Há setenta e duas maneiras de fazê-lo.
E ela (a puta) inclusive acrescentou outras.

Il Zoppino acrescenta a sugestiva posição "ao estilo da tartaruga", mas deixa sem explicar "à turca" e inclui na lista *modi* que já vimos nas duas obras precedentes.

... [As cortesãs] conhecem mais maneiras lascivas e gulosas de fazer essa coisa do que as palavras podem descrever: às vezes deitadas por baixo, às vezes com as coxas bem erguidas, ou juntas por cima de ti, ou à Gianetta, ou à turca, ou com as pernas bem levantadas, ou ao estilo da tartaruga com suas saias sobre a cabeça, ou sobre as costas, ou sobre o estômago, muitas vezes de outras maneiras curiosas e, enfim, em qualquer posição imaginável que elas acreditem deleitar os homens...

Numa passagem de *Candelaio*, de Giordano Bruno, faz-se menção até a mais posições, a maioria delas um tanto confusas e mesmo grotescas:

Costumávamos jogar o jogo das "pernas em torno do pescoço", "pelo corredor estreito", "inserindo-se" [ou "enfiando uma agulha"], "cortando o figo", "o ratinho", "à maneira do coxo", "pobremente reduzido", "entrar no gatinho por trás", "sendo 'destruído' ao mesmo tempo", "quatro empurrões", "quatro golpes", "três buracos" e "um buraquinho".

(*Opere di Giordano Bruno e di Tommaso Campanella*, ed. A. Guzzo e R. Amerio, Milão, 1956, p. 123)

14. Os álbuns de cortesãs com ilustrações mostrando os amantes no ato de fornicar, realizadas com propósitos não apenas estimulantes mas também instrutivos, eram muito populares no Oriente nos séculos XVI, XVII e XVIII, e com freqüência traziam lindas iluminuras (em cores, em contraposição ao branco e preto de nossas gravuras). O triângulo amoroso era um tema comum. Às vezes esses álbuns eram oferecidos às esposas cândidas com a intenção de excitar sua imaginação e prepará-las para a vida amorosa.

15. Nos primeiros oito versos deste soneto, Aretino descreve a mulher, que mantém a cabeça para baixo, numa posição incômoda, e o corpo inclinado sobre uma arca, enquanto o amante a sodomiza. Os versos seguintes dão a entender que posteriormente ela adotou uma posição mais cômoda, uma vez que fala de uma sensação física de alívio e de satisfação sexual. Os versos 12-14 indicam que agora os amantes possivelmente também estejam realizando o ato natural. Na gravura, a mulher está sentada tranqüilamente numa espécie de cadeira de espaldar alto, e seu companheiro, ajoelhado junto dela, sustenta sua perna esquerda à frente de seu corpo para poder penetrá-la com o pênis, nitidamente visível. A perna direita da mulher, levantada sobre o ombro esquerdo do homem, curva-se em torno de seu pescoço.

É possível que, na imaginação de Aretino, a gravura só registre a última fase de uma cena de amor em três atos: sobre a cama, em cima da arca e novamente erguidos. Em outras palavras, é possível que Aretino quisesse dar um tom mais picante à ação, conferindo-lhe um caráter progressivo e dinâmico. Nesse caso, o procedimento adotado no soneto XVI é diferente do utilizado em outros sonetos.

É possível, claro, que este soneto, que esteve perdido desde o início do século XVI até os anos vinte do nosso século, e está sendo publicado pela primeira vez desde então nesta edição, fizesse referência a outra gravura, perdida antes mesmo do soneto. Pode ser que esta mostrasse a mulher deitada de cabeça para baixo sobre a arca.

16. Esses graves gracejos por parte de Aretino poderiam ser considerados uma maneira lúdica de imitar os *dictum* de *ut pictura poesis* (recuperados no Renascimento), estabelecendo uma rivalidade ativa entre a poesia e a pintura. Observemos como mais tarde

Aretino tenta rivalizar com as artes visuais (em particular com a pintura de seu grande amigo Tiziano), em *La passione di Giesú* (A paixão de Jesus) e *I quattro libri de l'Humanità di Cristo* (ver Larivaille, *op. cit.*, pp. 231 ss.).

17. Francesco Pona, *La lucerna*, ed. G. Fulco, Roma, s.d., p. 109.

18. Estes versos do soneto VIII mostram o mesmo espírito burlesco que a longa farsa heróica *A puta errante*, atribuída ao discípulo favorito de Aretino, Lorenzo Venier, e encadernada junto com *I modi.* É bem possível que Aretino tenha interferido na redação desse divertido *pastiche*, um tanto misógino, mas qualquer um que tenha lido sua obra-prima *I raggionamenti* (1534-1536) sabe que este escritor tem grande admiração pela figura da cortesã.

A importância do discurso da cortesã na literatura renascentista italiana aumentou em grande medida graças à experimentação verbal de Aretino tanto em *I raggionamenti* como nos *Sonetos luxuriosos.* Apesar de notáveis exceções — como o drama anônimo *A veneziana*, no qual as mulheres da classe alta apregoam suas necessidades sexuais —, as mulheres da literatura renascentista manifestam francamente suas paixões físicas, principalmente pela boca das cortesãs, sejam elas reais ou fictícias.

Despojando-se dos véus do platonismo, Ardelia, personagem de uma obra de Sforza Oddi, *L'Erofilomachia*, revela-nos sua trêmula sensualidade. A poesia erótica da cortesã de Pádua Gaspara Stampa, que animou a vida cultural veneziana na primeira metade do século XVI, caracteriza-se por seu franco naturalismo.

As cortesãs podiam adaptar rapidamente seu discurso à ocasião. Veronica Franco usa freqüentemente um tom "cívico" e sensato em suas argumentações em defesa do tipo de amor refinado e legitimamente mercenário personificado por ela. Uma coletânea de cartas de cortesãs de Florença (*Lettere di cortigiane del XVI secolo*, ed. Luigi Ferrai, Florença, 1884) mostra até que ponto elas podiam chegar a ser sutis, e até instruídas, quando imitavam os usos literários de seus amantes. Camilla de Pisa, uma figura que aparece entre bastidores na obra de Aretino *A cortesã*, serve-se de termos latinos distorcidos para "rejeitar em parte" o dinheiro que lhe fora oferecido pelo amante Filippo Strozzi, importante figura política da época.

19. O verbo *menare* tem o significado de "mover" no soneto XII de nossa série; no entanto, em outras ocasiões pode significar "golpear". Se não for isso, o que tem na mão o componente masculino do casal? A tira de pano tem resistência suficiente para sustentar a cabeça do homem na posição 14, se é que se trata realmente do mesmo objeto. Poder-se-ia tratar de versões humorísticas dos amplos véus parecidos com cintos que aparecem com tanta freqüência na arte clássica e são continuamente imitados no Renas-

cimento, por exemplo na *Galatea* de Rafael e em muitas gravuras de Marcantonio?

Na série chamada *Lascivie*, de Agostino Carracci (Bartsch XVIII, 133; Bohlin nº 186) aparece um sátiro açoitando uma ninfa, e há outros exemplos de cenas de flagelação e de espancamentos na arte renascentista, e também nas gravuras de Marcantonio. No soneto XII, Angela Greca queixa-se da violência com que Ercol Rangone faz amor. Em *I raggionamenti* de Aretino, Nana comenta — e isso é interessante quando relacionado à "canção" evocada no soneto XII: "As mãos que percorrem os seios, ou tocam ligeiramente o corpo ou açoitam levemente, tocam uma música de natureza diferente daquelas que se dedicam a tocar o alaúde!"

20. O interesse e o prazer com que se aborda a complexa rede de olhares formada pela contemplação mútua da sexualidade do outro fazem das posições 9 e 11 os exemplos mais extremos de um grupo em que a visão desempenha um papel de enorme carga erótica, mas não são as únicas. Na posição 12, o casal olha-se fixamente nos olhos, e a posição 2 é ainda mais dramática: as bocas marcadamente abertas indicam que a intensidade do discurso corresponde à intensidade do olhar. Nas posições 9 e 16, o homem observa atentamente o interior da coxa da mulher, mas na posição 4 é a mulher que observa o pênis do homem enquanto ele a olha nos olhos. Em minha versão da posição 5, a mulher olha o homem no rosto enquanto este observa seus seios, e em minha versão da posição 6, na qual chama a atenção o entrelaçamento dos corpos em forma de "X", os dois amantes estão colocados de tal maneira que conseguem ver seus sexos unidos.

Creio que existe uma relação entre estas imagens e as misteriosas ações visuais em quadros como *Vênus com organista*, de Tiziano, e várias obras da série *Lascívia*, de Agostino Carracci, nas quais os sátiros olham fixamente as zonas púbicas das ninfas. Não será possível, até, que a cena de *Ur* que aparece no fundo de muitos dos *I modi*, assim como os elegantes interiores de Tiziano, sejam representações de ninfas e sátiros em cenários naturais? Se é assim, será que a rabeca e a flauta rústica (ver nota) se convertem num órgão por obra de uma transformação magistral e civilizada? Três das gravuras de Marcantonio (posições 2, 15 e 16) desenvolvem-se em cenários naturais, o que as aproxima das representações naturalistas do amor nos bosques (o pagão funde-se com o "inconsciente"?). Nestas e em outras cenas, a Natureza invade a alcova de duas maneiras: a) nas posições 9 e 7, o amante é um sátiro!; b) as posições 2 e 16 desenvolvem-se em parte ao ar livre, enquanto a posição 15 se desenvolve totalmente *en plein air*. (Na posição 14 há uma janela através da qual se vê o céu.)

Em todas essas cenas é claramente perceptível a influência da pintura veneziana. As posições 2 e 16 assemelham-se a determinadas concepções de Vênus, desenvolvendo-se com toda a evidência ao ar livre, embora os personagens apareçam rodeados de objetos de alcova. Na posição 2, os amantes estão deitados num leito improvisado, aparentemente no chão, e a mulher está sentada numa espécie de cadeira com tapeçarias. Quanto à posição 15, parece-nos ver nela indícios de uma certa influência dos paisagistas do norte. Esta xilogravura, além do mais, tem um ar completamente diferente: por exemplo, é a única cena verdadeiramente cômica de toda a série (o homem copulando com a mulher enquanto a arrasta; as pernas dela estão levantadas e seus cabelos caem revoltos). Esta mulher poderia ter alguma relação com as putas (e os vícios) retratados pelos pintores do norte, e talvez até mesmo com as bruxas (cf. Hans Baldung Grien).

21. Este parece ser o argumento de Nino Borsellino em sua introdução a uma nova edição crítica desta obra feita por Pasquale Stoppelli (Edizioni dell'Elefante, Roma, 1984). Em *La cazzaria*, uma defesa humorística da sodomia, os próprios órgãos sexuais tomam a palavra. O pseudoproblema no qual se baseia este longo diálogo — a razão pela qual os testículos não podem entrar no ânus junto com o falo — é insinuado por Aretino no soneto 1 (versos 15-17), no qual também aparece um jogo de palavras (testículos testemunhas).

22. O soneto nº 106 de *La Priapea* é particularmente interessante com relação a *I modi*. Nele Niccolò expressa seu pesar pelo fato de Tiziano ter pintado um maravilhoso retrato de Aretino, comentando que o pintor deveria ter representado o poeta nu e um homem pegando-o por trás. Em outro soneto, Niccolò joga com uma variação dessa idéia e afirma que, se Tiziano tivesse mostrado Aretino visto por trás, em plena justa, o pintor teria criado a representação mais natural jamais realizada. Em outro soneto ainda, Niccolò comenta que, "se as mulheres tivessem órgãos masculinos, Aretino lhes permitiria que o penetrassem", exibindo aqui o mesmo tipo de fantasia que o autor de uma pequena obra encadernada junto com o volume *Enfer* (Inferno) de Paris, no qual se encontram as duas sátiras de Lorenzo Venier sobre as cortesãs (*Discurso eficaz para acabar com a repugnância que alguns sentem pelo delicioso cu*): "Os homens seriam verdadeiramente felizes se fossem capazes de penetrar a si mesmos pelo traseiro." São mais dois desejos a serem acrescentados a nossa lista de fantasias universalizantes e narcisistas (todo o corpo como órgão sexual, fazer amor depois da morte, copular com Adão e Eva etc.)

23. *Rime. Gaspara Stampa/Veronica Franco*, ed. Abdelkadar Salza, Bari, 1913, p. 291.

24. *Lettere familiari di Veronica Franco,* ed. Benedetto Croce, Nápoles, 1949, Carta nº 22.

25. *Rime,* p. 291.

26. Lemarchand e Dunand, *op. cit.*, p. 277, na qual elogiam as reconstruções de De Waldeck e insistem em que não existe "perversão" nessas cenas "puras", que são uma transcrição fiel das intenções de Giulio Romano. A posição 16 de De Waldeck, à qual o texto faz referência, mostra uma mulher meio inclinada que está sendo possuída *a tergo.*

Impressão:
Gráfica Palas Athena